Elisabeth Mittelstädt (Hrsg.)

Wunder,
die das Herz bewegen

Für

_____

_____

Von

_____

_____

Elisabeth Mittelstädt (Hrsg.)

Lydia-Verlag Asslar
Brunnen Verlag Gießen/Basel

2. Taschenbuchauflage 2006

© 2003 Lydia-Verlag, Asslar-Berghausen
Umschlaggestaltung und Seitenlayout: Olaf Johannson
Umschlagfoto: Simone Fischer-Trefzer
Illustrationen: Hanni Plato
Lektorat: Saskia Barthelmeß, Sabine Bockel
Satz: spoon design department, Florian Zeidler
Druck und Bindung: Ebner und Spiegel, Ulm
ISBN 978-3-7655-3865-0 (Brunnen)
ISBN 978-3-9810167-1-0 (Lydia)

Liebe Leser,

mein Staunen hat kein Ende, wenn ich in einer kristallklaren Nacht die Sterne am Himmel betrachte. Wie gern möchte ich sie zählen!

Mein Staunen hat kein Ende, wenn ich sehe, wie Schneeflocken vor meinen Augen tanzen. In der Bibel steht, dass Gott sie alle in einer Vorratskammer aufbewahrt. Haben Sie sich auch schon einmal gefragt, wie riesig diese Kammer sein muss?

Was mich aber am meisten in Staunen versetzt, ist mein großer Gott. Er hat nicht nur alles geschaffen, nein, er kümmert sich auch um ein kleines Baby, er hört alle unsere Gebete, er schenkt Begegnungen, die uns ermutigen, er heilt zerbrochene Herzen und kranke Körper. Und er beschenkt uns mit Freude, weil er uns so sehr liebt. Gelegentlich schickt er uns sogar seine Engel zu Hilfe. Doch oft erkennen wir sie nicht, weil wir uns sonst zu Tode erschrecken würden!

In diesem Buch finden Sie über 50 Geschichten, die zum Schmunzeln anregen oder auch zu Tränen rühren. Es war uns eine große Freude, diese Sammlung für Sie zusammenzustellen. Oft mussten wir selbst über die vielen kleinen und großen Wunder staunen, von denen Menschen berichten konnten.

Mein größter Wunsch ist, dass Sie durch dieses Buch ermutigt werden, Gott auch in Situationen zu vertrauen, die Sie nicht verstehen. Halten Sie sich an seiner großen und starken Hand fest, die Leben und Bewahrung schenkt! Sie wird Sie auch durch dunkle Zeiten sicher führen.

Ein Teil des Erlöses von „Wunder, die das Herz bewegen" kommt Frauenzeitschriften in osteuropäischen Ländern zugute, damit sie auch weiterhin die Möglichkeit haben, über das Wunder des Glaubens zu berichten.

Elisabeth Mittelstädt

INHALT

ÜBERRASCHUNGEN DES HIMMELS

Das Überraschungspäckchen
Kathy Miller 14

Weihnachten im Bauernhaus
Marianne Hirzel 21

Schuhe zum Laufen
Elisabeth Mittelstädt 23

Sprachlos
Ingrid Krieger 25

Grünes Licht vom Bischof von Limburg
Hertha-Maria Haselmann 27

„Wie gut habe ich es doch!"
M. L. Ketcham 30

Wunderweiche Frotteehandtücher
Ilse Ammann-Gebhardt 32

Wenn Grenzen fallen
Hannelore Illgen 34

Ein Haus als Stall und als Krippe ein Herz
Ruth Heil 37

Das schwarze Zeichen
Kathleen Ruckman 41

Eine Kette himmlischer Ereignisse
Marija Koprivnjak 46

HEILUNG VON KÖRPER UND SEELE

Medikament Hoffnung
Inge Wende 50

Du bist gewollt!
Angelica Jackson 54

Hässliches Entlein – starker Schwan
Sophie Englmann 56

Es gibt ein Warten, das sich lohnt
Sarah Koeshall 60

Himmlische Vaterliebe
Ghia Falk 62

Schwestern von Geburt an – Freundinnen aus Entscheidung
Saskia Barthelmeß 64

Schmerz, lass nach!
Ingrid Heinzelmaier 67

Mit 16 trank ich meinen ersten Likör – und dann den zweiten
Lilo Kramer 70

Vom Trauma befreit
Sigrid Arnold-Levey 74

Die Rose von Jericho
Katrin Ledermann 76

Mein todkrankes Kind wird wieder gesund
Dagmar Stehn 79

Mit Rheuma zum Krippenspiel
Hannelore Risch 81

UNTER ENGELSFLÜGELN

Wer war diese alte Dame?
Mila Devic 84

Im Regen und ohne Benzin ...
Barbara Lenski 87

Der gut gekleidete Helfer
Robyn & David Claydon 89

Begegnung im Treppenhaus
Eva Breunig 91

Der Himmel über Sachsen-Anhalt
Silke Benner 94

Ein Fußmarsch im Dunkeln
Sarah Koeshall-Jump 97

BEWAHRUNG VON STARKER HAND

Rutschpartie mit gutem Ende
Cornelia Mack 100

„Tatsächlich, ich lebte noch!"
Margit Weitzel 103

Davongelaufen!
Roswitha Wurm 107

Pudding und Schlaganfall
G. Hellwig & E. Funke 109

Steine, die vom Herzen fallen
Regina von Thaler 110

Der Glaube meiner Großmutter
Cornelia Twisselmann 112

Von Rebellen umzingelt
Sharon Mumper 117

KINDER – EIN GESCHENK DES LEBENS

Abenteuer Kinderkriegen
Ulrike Herrmann 122

Nie ein Kind zur Welt gebracht,
doch Tausende nannten sie „Mama" 125

„Was habe ich falsch gemacht?"
Ruth Imhof-Moser 128

Wer Jesus hat, der hat das Leben
Lotte Bormuth 130

„Ich war's!"
Elisabeth Bär 133

Neun Jahre „Schwangerschaft"
Inge Kunz 135

TROST UND ERMUTIGUNG

Federn für Christl
Priscilla Larson 138

Die Entenleber
Elisabeth Mittelstädt 143

Eine Schlange sonnte sich neben mir!
Helen Lescheid 145

Der Tag der Osterglocke
Nancy Hodge 147

GEBETE, DIE DEN HIMMEL ÖFFNEN

Ein „Wollknäuel" auf Reisen
Saskia Barthelmeß 150

Freude im Himmel
Helga Becker 152

Ein Stein kommt ins Rollen
Sabine Bockel 154

Ein paar neue Winterstiefel
Gitta Leuschner 156

Vater weiß es am besten
Elisabeth Mittelstädt 158

Überraschungen des Himmels

Wer liebt, denkt sich gern Überraschungen aus. Ermutigende Worte, kleine Gesten der Freundschaft oder ein Geschenk, das die geheimsten Wünsche trifft, werden zu Boten der Zuneigung. So sind auch die Überraschungen des Himmels: Sie durchbrechen Mutlosigkeit und Verzweiflung, bringen frischen Wind in den Alltag und lenken den Blick auf die Liebe Gottes und der Menschen.

Das Überraschungspäckchen

KATHY MILLER

So einen Winter hatte sie noch nie erlebt. Aus der Geborgenheit ihres Lehnstuhls heraus beobachtete Stella, wie der Schneesturm immer wilder raste. Sie wagte es nicht, näher ans Fenster zu gehen – aus Angst, der Sturm könnte sich ihrer bemächtigen und sie in das Chaos hinausziehen. Die Häuser auf der gegenüberliegenden Straßenseite waren fast nicht zu erkennen, verschluckt von dem Ungestüm der wirbelnden Flocken. Die alte Frau strich geistesabwesend über die Schonbezüge auf den Armlehnen und konnte den Blick nicht von dem Schauspiel draußen abwenden.

Doch dann riss sie sich zusammen und quälte sich von ihrem Sessel hoch. Einen Moment verharrte sie regungslos, um das Gleichgewicht wiederzugewinnen. Sie versuchte, ihren Rücken zu strecken, und kämpfte entschlossen gegen den Schmerz, der sie in gebückter Stellung halten wollte. Dann machte sie sich auf den Weg zur Küche.

An der Tür hielt Stella verdutzt inne und überlegte, was sie eigentlich hier wollte. Im Schornstein über dem Herd heulte der Wind, als wollte er das Unwetter direkt in das kleine Häuschen hineinblasen. Stella richtete den Blick ihrer braunen Augen auf die Küchenuhr über dem Herd. Viertel nach drei! Jetzt fiel ihr wieder ein, was sie in der Küche gesucht hatte: Sie wollte etwas zum Abendessen aus dem Gefrierfach holen. Stella seufzte. Sie verspürte nicht die geringste Lust, sich eine weitere einsame Mahlzeit zuzubereiten, geschweige denn sie zu essen.

In plötzlich aufwallendem Schmerz fasste sie nach dem Kühlschrankgriff und lehnte ihre Stirn gegen die kühle weiße Fläche. Eine Welle des Selbstmitleids, in der sie zu ertrinken drohte, rollte über sie hinweg. Der Verlust ihres geliebten David im Sommer war einfach zu viel für sie gewesen! Wie sollte sie mit dem Kummer fertig werden, wie die Leere des Alltags ertragen? Stella spürte den bekannten Schmerz, der ihr die Kehle zusammenschnürte, und schloss gewaltsam die Augen, um die aufsteigenden Tränen zurückzudrängen.

Dann schüttelte sie, unzufrieden über sich selbst, missbilligend den Kopf. In Gedanken ging sie wieder die Liste von Dingen durch, für die sie dankbar sein konnte: ihre Gesundheit, ihr kleines Häuschen, eine Rente, die groß genug war für den Rest ihres Lebens. Sie hatte ihre Bücher, ihren Fernseher, ihre Handarbeiten. Wie viel Freude bereitete ihr im Frühjahr und Sommer der Garten, wie gern ging sie in dem verwilderten Park am Ende der Straße spazieren, und wie sehr konnte sie sich im Winter an den Vögeln erfreuen, die das Futterhäuschen vor ihrem Küchenfenster bevölkerten! „Heute leider nicht", dachte sie wehmütig, während sie den heftigen Ostwind gegen die Mauern ihres Häuschens anstürmen hörte.

„Ach, David, wie sehr ich dich vermisse! Solange du bei mir warst, hat mir der Sturm nie etwas ausgemacht!" Der Klang ihrer eigenen Stimme hallte im Raum wider und ließ sie zusammenfahren. Sie drehte das Radio an, das neben einem ordentlich aufgereihten Satz von hölzernen Vorratsdosen auf der Anrichte stand. Weihnachtliche Klänge erfüllten plötzlich den Raum, aber sie ließen Stella ihre Einsamkeit nur noch tiefer empfinden.

Gewiss, sie war auf den Tod ihres Mannes vorbereitet gewesen. Seit der Arzt die Diagnose „Lungenkrebs im Endstadium" gestellt hatte, hatten sie beide das Unvermeidliche vor Augen gehabt und alles darangesetzt, die noch verbleibende Zeit so gut wie möglich zu nutzen. Davids finanzielle Angelegenheiten waren stets in Ordnung gewesen. Sie brauchte in ihrem Witwendasein also nicht mit neuen, außergewöhnlichen Belastungen zu rechnen. Das Schlimme war einfach diese schreckliche Einsamkeit, die Leere ihrer Tage.

Im Lauf der letzten Jahre hatten sie und ihr Mann einen nach dem anderen ihrer Freunde und Verwandten zu Grabe tragen müssen. Sie waren eben alle in dem Alter, in dem der menschliche Körper nicht mehr so mitmachte, sondern schwach und hinfällig wurde, bis man schließlich starb. Ob man es wahrhaben wollte oder nicht: Man war einfach alt!

Und nun, an ihrem ersten Weihnachtsfest ohne David, würde Stella allein sein. Freunde hatten sie zwar eingeladen, die Feiertage bei ihnen zu verbringen, aber das war ihr fast noch schlimmer vorgekommen, als allein zu Hause zu bleiben. Sie würde dort nicht nur ihren Mann, sondern auch die vertraute Umgebung ihres Heimes vermissen.

Mit zitternden Fingern drehte Stella das Radio leiser, bis die Musik nur noch gedämpft im Hintergrund zu hören war. Sie warf einen kurzen Blick in Richtung Kühlschrank und beschloss, dass ein Teller heiße Suppe für diesen Abend bestimmt die beste Wahl wäre.

Zu ihrer Überraschung sah sie, dass Post gekommen war. Sie hatte nicht einmal das Quietschen des Briefeinwurfschlitzes in der Haustür gehört. Der arme Briefträger – bei diesem Wetter draußen sein zu müssen! Wie immer zuckte sie unwillkürlich vor Schmerz zusammen, als sie sich bückte, um die feuchten weißen Kuverts vom Boden aufzuheben. Sie ging ins Wohnzimmer und nahm auf dem Klavierhocker Platz, um die Post zu öffnen. Es waren zum großen Teil Weihnachtskarten, und ihr trauriger Blick verwandelte sich in ein Lächeln, während sie die vertrauten Szenen betrachtete und die liebevollen Zeilen las. Mit großer Sorgfalt stellte sie anschließend die eben erhaltenen Karten zwischen diejenigen, die bereits oben auf dem Klavier ihren Platz gefunden hatten, was ihren arthritischen Fingern nicht geringe Mühe bereitete. Außer den besagten Grußkarten war in ihrem Haus diesmal keinerlei Festtagsschmuck zu finden. Weihnachten stand zwar dicht vor der Tür, aber sie konnte sich einfach nicht dazu durchringen, einen Baum aufzustellen. Nicht einmal die hölzerne Krippe, die David mit eigener Hand gezimmert hatte, hatte sie aus dem Keller holen wollen.

Von einer plötzlichen Traurigkeit übermannt, vergrub Stella ihr zerfurchtes Gesicht in beiden Händen. Ihre Ellbogen berührten die Tasten in einem harten, schleifenden Missklang, dann kamen die Tränen. Wie sollte sie nur das Weihnachtsfest und den ganzen langen Winter überstehen? Am liebsten wäre sie ins Bett gestiegen und hätte sich unter einem Berg von Decken verkrochen, bis mit dem Frühling erneut der Lebensmut zurückkehren würde.

Die Haustürklingel schrillte, gleichsam als Echo auf die hohen, disharmonischen Klaviertöne; das kam für Stella so unerwartet, dass sie nur mit Mühe einen Aufschrei unterdrückte. Wer konnte an solch einem Tag etwas von ihr wollen? Rasch trocknete sie ihre Tränen und bemerkte erstaunt, wie dämmerig es bereits geworden war. Da klingelte es zum zweiten Mal.

Stella zog sich am Klavier hoch und ging, so schnell sie konnte, in Richtung Hausflur. Im Vorbeigehen knipste sie die Deckenlampe im Wohnzimmer an. Sie öffnete die hölzerne Windfangtür und spähte angestrengt durch das Gitterglas in der Haustür. Davor stand, gegen Wind und Schnee ankämpfend, ein fremder junger Mann, dessen unbedeckter Kopf mit knapper Not über dem großen Karton hervorragte, den er trug. Stella sah an ihm vorbei auf die Einfahrt, aber auch der kleine Wagen, der dort stand, konnte ihr keinen Aufschluss über ihren Besucher geben. Als sie ihren Blick wieder auf den jungen Mann richtete, bemerkte sie, dass er auch keine Handschuhe trug. Seine erwartungsvoll gerunzelten Augenbrauen verschwanden fast völlig hinter den beschlagenen Brillengläsern. Vorsichtig öffnete die alte Dame die Tür einen Spaltbreit, woraufhin der Fremde einen Schritt zur Seite trat, um in die Öffnung hineinzusprechen.

„Ich habe ein Paket für Sie." Stellas Neugier vertrieb alle warnenden Gedanken aus ihrem Kopf. Sie öffnete die Tür weit genug, dass der junge Mann den Karton auf die Schulter nehmen konnte, und trat dann zurück, um ihn einzulassen. Er brachte den frostigen Hauch des Schneesturms mit herein. Lächelnd und mit großer Behutsamkeit stellte er seine Last auf dem Fußboden ab und zog dann einen Umschlag aus seiner Manteltasche hervor, den er ihr überreichte. In diesem Augenblick hörte Stella ein Geräusch aus dem Karton, das sie zusammenfahren ließ. Der junge Mann lächelte entschuldigend und bückte sich, um den Deckel zu öffnen, damit Stella hineinblicken konnte. Vorsichtig trat sie einen Schritt näher, um zu sehen, was sich in dem Karton befand.

Es war ein Hund! Genauer gesagt, ein Golden Labrador Retriever-Welpe. Der junge Mann bückte sich, nahm das kleine, sich windende Kerlchen auf seine Arme und erklärte: „Der ist für Sie. Er ist sechs Wochen alt und vollkommen stubenrein." Das Hündchen wackelte mit dem Schwanz, voller Freude darüber, seinem Gefängnis entronnen zu sein, und warf begeisterte nasse Küsse in die Richtung seines Wohltäters. „Wir hätten ihn eigentlich erst an Heiligabend bringen sollen", fuhr der junge Mann fort und versuchte vergebens, sein Kinn vor der feuchten kleinen Zunge zu retten, „aber der Hundezüchter hat ab morgen Urlaub. Ich hoffe, Sie haben nichts gegen ein verfrühtes Weihnachtsgeschenk einzuwenden."

Stella war so perplex, dass sie nicht einmal mehr klar denken konnte. Völlig zusammenhanglos stotterte sie: „Aber ... ich verstehe nicht ... ich meine ... wer ...?"

Der junge Mann setzte das Tierchen auf die Fußmatte und tippte mit seinem Finger an den Umschlag, den Stella noch in der Hand hielt. „In diesem Brief steht so ziemlich alles, was Sie wissen wollen. Der Hund wurde bereits im Juli gekauft, als seine Mutter noch tragend war. Es handelt sich um ein Weihnachtsgeschenk. Entschuldigen Sie mich bitte einen Augenblick, ich muss noch ein paar Dinge aus dem Auto holen."

Bevor Stella antworten konnte, war er fort und kam kurz darauf mit einer großen Dose Hundefutter, einer Leine und einem Buch zurück, das den Titel trug: „Der Umgang mit Ihrem Labrador Retriever." Die ganze Zeit über hatte das Hündchen still auf der Matte gesessen und fröhlich geschnauft, während es Stella mit seinen klugen braunen Augen unverwandt ansah.

Der Fremde wandte sich zum Gehen. In ihrer Verwirrung stieß Stella hervor: „Aber wer ... wer hat ihn gekauft?" Der junge Mann, bereits an der Tür, erwiderte, wobei ihm der Wind beinahe die Worte von den Lippen riss: „Ihr Gatte!" Und schon war er fort.

Es stand tatsächlich alles im Brief. Stella, die beim Anblick der vertrauten Handschrift das kleine Hündchen total vergessen hatte, war wie ein Schlafwandler zu ihrem Sessel am Fenster gewankt. Sie hatte auch nicht bemerkt, dass der Hund ihr gefolgt war. Unter Tränen zwang sie sich, ihres Mannes Worte zu lesen. Er hatte den Brief drei Wochen vor seinem Tod geschrieben und bei dem Hundezüchter abgegeben, der ihn zusammen mit dem Welpen seiner Frau überbringen sollte – als letztes Weihnachtsgeschenk. Die Zeilen flossen über von Liebe und Ermutigung, enthielten aber auch die Ermahnung, stark zu sein. Er versicherte ihr, dass er ihr nur vorangegangen sei und auf den Tag warte, an dem sie sich wiedersehen würden. Bis dahin solle ihr der Hund Gesellschaft leisten.

Damit wurde Stella an ihren neuen Hausgenossen erinnert. Wie erstaunt war sie, ihn ganz still vor sich auf dem Fußboden sitzen und mit wachsamen Augen zu ihr aufschauen zu sehen. Ein verschmitztes Lächeln schien um sein Schnäuzchen zu spielen. Stella legte den Brief beiseite und bückte sich nach dem goldbraunen Fellbündel. Sie hätte ihn sich schwerer vorgestellt – er ähnelte in Größe und Gewicht einem Sofakissen. Wie warm und weich er war! Sie wiegte ihn in ihren Armen, und der kleine Kerl leckte ihr zum Dank das Kinn. Dann schmiegte er sich eng an ihren Hals. Bei diesem sichtbaren Zeichen der Zuneigung flossen wieder die Tränen, die der kleine Hund regungslos über sich ergehen ließ.

Schließlich ließ Stella ihn auf ihren Schoß gleiten, von wo aus er sie mit ernsthaftem Blick betrachtete. Geistesabwesend wischte die alte Frau über ihre nasse Wange und rang sich zu einem Lächeln durch. „Also, Kleiner, es scheint, dass wir beide in Zukunft zusammengehören." Seine rosa Zunge hechelte zustimmend. Stellas Lächeln vertiefte sich, dann ließ sie ihren Blick von dem Hündchen zum Fenster schweifen. Mittlerweile war es draußen fast dunkel geworden, und der Sturm schien in seiner Heftigkeit etwas nachgelassen zu haben. Durch die samtigen Flocken hindurch, die jetzt wesentlich langsamer vom Himmel fielen, konnte Stella die Weihnachtslichterketten sehen, die fröhlich von den Dächern der Nachbarhäuser herableuchteten. Aus der Küche drangen die Klänge von „Stille Nacht, heilige Nacht" an ihr Ohr.

Plötzlich wurde Stella von einem wunderbaren Gefühl des Friedens und göttlichen Segens überflutet. Sie fühlte sich wie in eine tiefe, liebevolle Umarmung gehüllt. Ihr Herz klopfte heftig, aber nun nicht mehr vor Kummer und Einsamkeit, sondern vor Freude und Staunen. Sie wusste, sie war nicht mehr allein! Sie wandte ihre Aufmerksamkeit erneut dem kleinen Hund zu und fing an, ihm ein paar Dinge zu erklären: „Weißt du was, Kleiner, bei mir im Keller steht ein Karton, an dem du bestimmt deine helle Freude haben wirst. Da ist ein Baum drin und Kugeln und Kerzen, die dir gewaltig imponieren werden! Und ich glaube, ich finde auch noch die alte Krippe da unten. Was meinst du, sollen wir mal alles zusammensuchen?" Das Hündchen bellte zustimmend, als hätte es jedes Wort verstanden.

Weihnachten im Bauernhaus

MARIANNE HIRZEL

Stille Nacht, heilige Nacht? Die Realität sieht meistens anders aus. Wir rennen von einer Weihnachtsfeier zur andern – in der Schule, in der Firma. Adventsessen dort, Weihnachtsessen hier. Nach Tannenzweigen und Plätzchen duftet es auch nicht von allein. Und dann gibt es da noch die Geschenkwünsche der Kinder, der Eltern und der Freunde, die erfüllt werden wollen ...

Wieder einmal lag die Weihnachtszeit vor uns. Es war wie immer, nur dass dieses Mal nicht nur bei mir Frust aufkam, sondern auch unsere Teenager plötzlich aufbegehrten: „Nicht mit uns! Wir wollen weder Verwandtenbesuche, Geschenke austauschen noch zu viel essen!" Nichts von alledem, was schon immer so gewesen war. Sie wollten weg – in eine einsame Hütte. Nur ein kleines Tännchen mit Strohsternen und Kerzen. Kein Festessen, sondern irgend etwas Einfaches, und dann einfach entspannen. In mir kam Wut hoch über ihren Egoismus. Ich verstand zwar, dass sie sich gerade in einer Egophase befanden, aber das schien zu viel!

Doch unsere Kinder samt Pflegesohn und Freunde waren so angetan von diesem Gedanken, dass sie alle Hebel in Bewegung setzten, um ein solches Weihnachtsfest zu organisieren. Bald war ein passender Ort gefunden: ein unter Denkmalschutz stehendes Bauernhaus im Bündnerland, das aussah, als würde es bald zusammenfallen. Unsere Teenager wollten mit Großeltern und Verwandten besprechen, dass wir statt an Weihnachten alle an einem Adventssonntag zusammenkommen würden. Geschenke wollten sie keine. Auch sie selbst würden nur etwas Selbstgemachtes verschenken – kleine Briefe mit lieben Worten. Ich ahnte Schlimmes: Proteste und Entsetzen von den lieben Verwandten bis hin zu einem echten Familienkrach. Und das vor Weihnachten!

Aber zu meinem Erstaunen ging alles friedlich über die Bühne. Die Großeltern zeigten Verständnis für diesen außergewöhnlichen Wunsch, und so stand dem etwas anderen Weihnachtsfest nichts mehr im Weg.

Noch nie hatten unsere Kinder so geschäftig bei den Vorbereitungen mitgeholfen. Sie luden andere zu dem Fest ein, und fünf junge Leute, die nicht mehr zu Hause mit getrennt lebenden Eltern und zerstrittenen Verwandten feiern wollten, meldeten sich.

Schließlich saßen wir in dem schlichten Bauernhaus auf Bänken an einem langen Tisch. Mit Kerzen und Strohsternen an einem kümmerlichen Tännchen war es trotzdem ganz feierlich – auch ohne Geschenke und mit einem einfachen Abendessen.

Mein Mann und ich hatten keine Ahnung, wie diese Weihnachtsfeier gestaltet werden sollte. Also fragten wir die jungen Leute: „Was erwartet ihr? Wie soll es weitergehen? Wir wollen wissen, was ihr euch wirklich wünscht!" Unsere Kinder antworteten: „Wir möchten dem echten Christus begegnen, nicht dem kleinen Jesulein. Wir wollen ihm unser Leben geben." Plötzlich begannen einige zu weinen. Sie wünschten sich Frieden für sich und ihre Eltern zu Hause. Keinen Streit mehr, keine Trennung.

Dann schluchzte unser Pflegesohn laut auf. „Ich möchte zu Weihnachten einen Vater und eine Mutter haben", sagte er. „Könnt ihr das nicht für mich sein?" Er war fünfzehn, türkischer Abstammung und in einem Heim aufgewachsen. In seinem Leben war schon so viel schief gelaufen, dass niemand mehr große Hoffnungen für ihn hatte. In mir schrie es: „Nein, das kann ich nicht, das ist viel zu schwer! Ich bin nicht dafür ausgebildet, diesem Jungen zu geben, was er braucht. Noch dazu habe ich eigene Kinder."

Nach einer längeren Stille, durchbrochen vom Schluchzen der jungen Leute, meinte mein Mann: „Ja, wir wollen deine Eltern sein. Du musst dir keine mehr suchen." Unsere Kinder standen auf und umarmten ihr „Weihnachtsgeschenk". Auch ich konnte, wenn auch mit schwerem Herzen, ein ehrliches Ja zu dieser Entscheidung finden. Dann beteten wir füreinander und genossen die Gemeinschaft. Die jungen Leute erzählten ehrlich und offen von ihren Hoffnungen und Nöten. Wir sangen Lieder und saßen noch lange im bereits dunkel gewordenen Raum zusammen.

Als mein Mann und ich schon im Bett lagen, seufzte ich: „Das war wirklich ein anderes Weihnachtsfest. Aber eins der Schönsten in meinem Leben!"

Schuhe zum Laufen

ELISABETH MITTELSTÄDT

„Schau mal, hier ist noch ein Geschenk für dich", sagte mein Mann Ditmar am Weihnachtsabend. „Das haben wir fast vergessen! Kannst du dich erinnern? Es kam schon in der ersten Novemberwoche mit der Notiz: ‚Darf nicht vor Heiligabend geöffnet werden'."

Ja, ich erinnerte mich. Ich war sehr neugierig gewesen, und das Päckchen ungeöffnet zu lassen, war mir nicht gerade leicht gefallen! Abgeschickt hatte es eine Frauengruppe, die ich nicht kannte. In dem kleinen Begleitbrief stand: „Wir beten für Sie." Innerlich gerührt hatte ich das Päckchen in einen Schrank gelegt, wo es bis Weihnachten warten sollte.

In der zweiten Novemberwoche entdeckten die Ärzte, dass ich unter einer schlimmen Virusinfektion litt. Im Juli war ich bei einem Besuch im Ausland von einer Zecke gebissen worden und hatte es nicht gemerkt. Nun war die Krankheit zum Ausbruch gekommen. Das Schlimmste war, dass ich nicht mehr laufen konnte. Wie sehr kämpfte ich, dass meine Beine mir gehorchen sollten! Doch so sehr ich es ihnen auch befahl, sie wollten mich mit ihren entzündeten Gelenken einfach nicht mehr tragen.

Zurück zu meinem Geschenk. Da es in braunes Papier eingewickelt war, war es nicht nötig, es vorsichtig zu öffnen. Schnell riss ich die Verpackung auf. Was konnte das bloß sein? Ein Schuhkarton! Vorsichtig hob ich den Deckel hoch. Da lagen ein Paar weiße Sportschuhe. Ich war sprachlos. Als ich sie näher betrachtete, fiel mein Blick auf die Worte, die in den Schuhen standen: „Walking shoes" – Schuhe zum Laufen! Ich zeigte sie meinem Mann. Plötzlich trafen sich unsere Augen, tränengefüllt. Uns fehlten die Worte. „Könnte es sein, dass Gott mir diese Schuhe schickt, damit ich nicht den Mut und die Hoffnung verliere, bald wieder laufen zu können?", fragte ich Ditmar.

Am nächsten Tag suchte ich einen Platz für die Schuhe, an dem ich sie schon morgens beim Aufwachen sehen konnte. Acht Monate später durfte ich sie endlich ausprobieren. Anfangs konnte ich damit nur ein paar Schritte im Haus herumlaufen – natürlich sehr langsam –, später schaffte ich es sogar alle paar Tage, für einige Stunden ins Büro zu kommen.

Dieses Weihnachtsgeschenk, das Paar Schuhe, hat mich täglich daran erinnert, wie liebevoll Gott sich um mich kümmert. Er hat mir damit wieder einmal gezeigt, dass ich ihm vertrauen darf, auch wenn ich nicht immer alles verstehe.

Sprachlos

Ingrid Krieger

An diesem Morgen war es sehr kalt. Eigentlich kein angenehmes Wetter, um Menschen auf Jesus anzusprechen. Aber er hatte für diesen Tag ein Gebiet in Berlin zugeteilt bekommen, so wie die vielen anderen auch, die an diesem Einsatz der „Aktion: In jedes Haus" teilnahmen. In seinen Gedanken war wenig Liebe zu spüren, Zweifel stiegen in ihm auf. „Werden die Menschen, die ich besuchen soll, überhaupt die Tür öffnen?", fragte er sich. „Was werden das für Typen sein? Und wenn ich keine Antworten auf ihre Fragen habe, wie stehe ich dann da?" Im Stillen sprach er noch kurz ein Gebet, dann nahm er all seinen Mut zusammen und klingelte.

Was hatte er in der Schulung gelernt? Freundlich sein, nett begrüßen. Was sollte er nur sagen? Da ging auch schon die Tür auf. Eigentlich hatte er eine Frau mittleren Alters erwartet – wie schon so oft. „Ja bitte", sagte jetzt der junge Mann, der vor ihm stand. Auf einmal wusste er gar nichts mehr. Die klugen Anfangssätze, die er sich ausgedacht hatte, waren wie aus seinem Gedächtnis gelöscht. „Guten Morgen, ich komme von dem einzig wahren Gott, den es gibt." Er hatten den Satz noch nicht zu Ende gesprochen, als ihm durch den Kopf schoss, dass er soeben alles vermasselt hatte. „Wie konnte ich ein Gespräch nur so beginnen?", fragte er sich.

Der junge Mann stand mit offenem Mund da. Es hatte ihm die Sprache verschlagen. Als sie so voreinander standen, kam ein anderer junger Mann an die Tür. „Hier ist jemand, der von dem einzig wahren Gott kommt", erklärte ihm sein Mitbewohner. „So, das war's nun!", dachte er und wollte sich gerade aus dem Staub machen. Da hörte er die beiden sagen: „Kommen Sie doch rein. Ja, kommen Sie." Er konnte es nicht glauben. „Erzählen Sie von diesem Gott. Wollen Sie einen Kaffee?"

Und so fing er an zu erzählen, alles, was er wusste. Dass Gott die Menschen liebe, dass sie Schuld auf sich geladen hätten, dass Jesus für sie gestorben sei und sie nun das Geschenk der Vergebung annehmen könnten. Er erzählte auch davon, was die Menschen in der Ewigkeit erwartete. Und wieder war er überrascht über sich selbst. Hätte er das alles aufschreiben sollen, hätte er sicher seine Mühe damit gehabt.

Plötzlich kam eine Frage nach der anderen. Einige konnte er beantworten, andere nicht, aber das schien kein Problem zu sein. Dann wollten seine beiden Gesprächspartner von ihm wissen, was man machen müsse, um Christ zu werden. Er zog eine Broschüre aus der Tasche, in der der Weg zu Gott klar aufgezeigt wurde. Und dann durfte er erleben, wie die beiden reinen Tisch mit Jesus machten.

Danach blieben sie noch einige Zeit beieinander sitzen. Die beiden jungen Männer erzählten ihm, dass sie am Abend vorher eine lange Diskussion gehabt hatten, die bis in die Nacht gedauert hatte. Als Studenten aus verschiedenen Religionen war bei ihnen die Frage aufgebrochen, welche Religion denn nun die richtige sei – die ihres Landes oder vielleicht sogar die der Christen? Sie waren zu keinem Ergebnis gekommen, und so hatten sie gebetet, dass sich der wahre Gott doch offenbaren möge. Dann hatten sie sich schlafen gelegt.

Jetzt begann er zu verstehen, warum sein Satz: „Ich komme von dem einzig wahren Gott" bei ihnen wie eine Bombe eingeschlagen hatte. Er verstand, dass Gott nicht abhängig von seinem Können war, auch Gefühle spielten keine Rolle für Gottes Wirken. Seine Bereitschaft war gefragt, das hatte er heute gelernt.

Gibt es ein größeres Wunder, als dass Menschen neues Leben durch Jesus geschenkt bekommen?

Grünes Licht vom Bischof von Limburg

HERTHA-MARIA HASELMANN

Kleine Wunder – große Auswirkungen. Oft zeigt Gott uns nur einen winzigen Ausschnitt seiner Wunder, um uns dann in einem längeren Zeitraum die großen Auswirkungen vor Augen zu malen. Die Häuser „Metanoia", „Falkenstein" und „Dynamis" der „Lebenswende", einer Drogenhilfe der Evangelischen Allianz, können von diesen Wundern ein Lied singen.

Seit 1978 nimmt die „Lebenswende" drogenabhängige junge Menschen in eine therapeutische Wohn- und Lebensgemeinschaft auf. Durch Seelsorge und Bibelgespräche, durch Unterricht, Gemeindebesuche und Zusammenkünfte mit jungen Christen können die Betroffenen Schritt für Schritt Jesus Christus kennen lernen. Durch die Kraft Gottes gelingt es vielen, suchtfrei zu leben.

Doch wie geht es nach der Therapie weiter? Ein Zimmer allein in einer Großstadt wie Frankfurt oder Hamburg? Die Drogensucht hat diese Menschen über Jahre hinweg sehr einsam gemacht, deshalb kann nach dem Gruppenleben im Haus das erneute Abgleiten in die Einsamkeit eine große Gefahr sein. Aus diesem Grund haben wir bereits 1981 eine Nachsorgearbeit in Frankfurt gegründet. Denn: Gemeinsam sind wir stark! Gemeinsam lässt sich das drogenfreie Leben leichter meistern.

Das kleine Haus, das wir für diese Nachsorgearbeit gemietet hatten, durften wir allerdings nur für eine bestimmte Zeit bewohnen. Nun war der Augenblick gekommen, dass wir ausziehen mussten. Doch wohin mit unseren Ehemaligen? Sie waren uns ans Herz gewachsen, und wir wollten sie nicht ungeschützt der Großstadt mit ihren Gefahren preisgeben.

Was hatte noch Herr Krauß von der Oberfinanzdirektion Frankfurt gesagt, der uns auch die Liegenschaft Haus „Metanoia" vermittelt hatte? „Frau Haselmann, wenn Sie wieder einmal eine

Räumlichkeit benötigen, dürfen Sie sich gerne an mich wenden." Also machte ich mich zur Oberfinanzdirektion Frankfurt auf. Vor dem großen Eingang musste ich aus Sicherheitsgründen meinen Personalausweis abgeben, dann begab ich mich in die achte Etage. Herr Krauß empfing mich noch kurz vor Dienstschluss. Aus seinem Fenster konnte ich die vielen Ortschaften bis hin zum Taunus sehen. „Gott, dann wirst du doch auch eine Bleibe für unsere Leute in Frankfurt haben!", betete ich im Stillen.

Schließlich nannte ich Herrn Krauß unser Anliegen: Wir suchten eine weiterführende Unterkunftsmöglichkeit für unsere Gäste (so nennen wir unsere Therapieteilnehmer), möglichst in der Nähe vom Haus „Metanoia". Doch was mir dann zu Ohren kam, ließ mich erstarren. „Ja, wissen Sie denn nicht, dass das Katholische Filmwerk in dem gegenüberliegenden Haus auszieht und die Liegenschaft an die katholische Kirche verkauft wurde?" So nah das Glück – und doch zu spät? Ich konnte es nicht fassen!

In den Minuten, in denen ich zum Taunus hinausstarrte, hörte ich Herrn Krauß wie von fern sagen, es täte ihm außerordentlich Leid, dass er sein Versprechen mir gegenüber vergessen hätte. Er wünschte, er könnte es rückgängig machen, aber der Verkauf der Liegenschaft sei bereits vor einigen Tagen vertraglich abgeschlossen worden.

Traurig bat er mich, das Dienstgebäude mit ihm zu verlassen. Aus Höflichkeit hätte ich eigentlich sofort aufstehen müssen. Doch ich blieb sitzen. „Nein, Herr Krauß, das kann ich nicht glauben. Verkauft? Für immer vorbei?" „Ja, Frau Haselmann, das ist Tatsache. Das müssen Sie akzeptieren, auch wenn mir selten etwas so Leid getan hat. Und nun müssen Sie wirklich das Gebäude verlassen."

Doch ich blieb wie angewurzelt sitzen. Heute kann ich sagen, dass es Gott war, der mich auf dem Stuhl festhielt. Herr Krauß wusste nicht, wie er mich aus dem Dienstzimmer bekommen sollte. Ein paar verzweifelte Minuten voller Schweigen vergingen. Plötzlich schreckte uns das Telefon auf. „Herr Krauß, hier ist die Poststelle. Wir sind zusammen mit Ihnen und Ihrem Besuch die Letzten und müssen das Dienstgebäude nun verlassen." „Ja", erwiderte Herr Krauß, „wir sind auf dem Weg. Aber vorab noch eine Frage: Vor ein paar Tagen haben Sie doch per Post den Kaufvertrag über die Liegenschaft Wolfsgangstraße, den ich und mein Kollege unterschrieben haben, an das Bistum Limburg geschickt?"

„Sie haben unterschrieben, aber Ihr Kollege noch nicht", kam es vom Mitarbeiter der Poststelle zurück. „Doch morgen wird er unterschreiben, und dann geht der Vertrag per Eilpost an die katholische Kirche." „Wie bitte?", hakte Herr Krauß nach und lächelte mich an. „Sie haben den Vertrag noch? Bitte bringen Sie die Akte doch schnell bei mir vorbei. Ich kann es Ihnen nicht erklären, aber Gott hat andere Pläne mit der Liegenschaft."

Um 17.15 Uhr strahlten Herr Krauß – die Akte unter dem Arm – und ich uns in der achten Etage der Oberfinanzdirektion Frankfurt an. Wir wussten beide, dass Gott die vielen drogenabhängigen jungen Menschen sah, die durch christliche Therapie und Nachsorge aus der Sucht geholt werden konnten. Hätte ich das Dienstzimmer auch nur ein paar Augenblicke früher verlassen, hätte ich nie erfahren, dass das Bistum Limburg den Kaufvertrag noch nicht erhalten hatte. Ein Wunder von nur wenigen Minuten, das große Auswirkungen haben sollte.

Nachdem ich von meinem Erlebnis erzählt hatte, gingen im Haus „Metanoia" alle Mitarbeiter auf die Knie und dankten unserem großen Gott für sein Eingreifen.

Doch wie ist es mit der katholischen Kirche weitergegangen, die ja das Vorkaufrecht an diesem Gebäude hatte? Der Geschäftsführer des Katholischen Filmwerkes setzte sich für uns mit den Worten ein: „Fünf Jahre lang habe ich die Arbeit im Haus ‚Metanoia' beobachten können, und ich kann nur raten, das Haus für eine Nachsorgearbeit zu überlassen." Daraufhin zog der Bischof in Limburg das Vorkaufsrecht zurück.

Das war 1983. Seitdem leben Jahr für Jahr ehemalige Therapieteilnehmer in der Nachsorgeeinrichtung „Haus Falkenstein". Dort werden sie in die Arbeitswelt und das soziale Umfeld eingegliedert. Sie nehmen an Umschulungen und Ausbildungen teil, finden neue Freunde und knüpfen Kontakte zu christlichen Gemeinden. Und auch das geschieht: Ehemals Drogenabhängige werden zu Mitarbeitern und dürfen an den Wundern teilhaben, die Gott auch heute noch tut.

»Wie gut habe ich es doch!«

M. L. KETCHAM

Purulia. Für mich verbinden sich mit diesem Namen liebe Erinnerungen. Viele Jahre haben meine Frau und ich an diesem Ort im Osten des indischen Subkontinents gelebt.

Wir waren gerade frisch verheiratet, als wir dorthin zogen. Meine Frau war eine strahlende, junge Ehefrau. In Purulia lernte ich auf Bengali predigen. Wir hatten eine wunderbare Familie: unsere Kinder, siebzig Waisenmädchen und eine ständig wachsende Gemeinde.

Trotzdem fehlte auch in Purulia nicht das berühmte „Haar in der Suppe". Der Ort steht an zweiter Stelle der Weltrangliste, was die Zahl der Lepraerkrankungen betrifft. Bei vier von unseren Köchinnen stellte sich heraus, dass sie Aussatz hatten, ebenso bei „unserem Postboten". Es war „in", immer eine Stecknadel am Jackenaufschlag bei sich zu tragen. Sobald sich irgendwo am Körper eine verdächtige Stelle zeigte, stach man sofort hinein. Tat es weh – ausgezeichnet! Fühlte man dagegen nichts, war das ein sicheres Anzeichen für den Beginn dieser gefürchteten Krankheit.

Ich erinnere mich besonders gut an einen Sonntag im Herbst, an dem ich bei einem Erntedankgottesdienst in der Leprakolonie predigen durfte. Das Echo war ermutigend. Der Pastor hatte selbst Lepra, die jedoch zum Stillstand gekommen war. Als es nun Zeit für das Schlussgebet war, sagte er: „Wir Aussätzigen haben so viel Segen von Gott empfangen und wollen jetzt zeigen, wie dankbar wir ihm sind. Kommt bitte alle nach vorne!"

An die Tausend leprakranke Menschen setzten sich daraufhin in Bewegung. Zentimeter für Zentimeter arbeiteten sie sich vorwärts. Einige humpelten, andere krochen mühsam auf Arm- und Beinstümpfen. Wieder andere rutschten auf kleinen Kissen, an denen „Räder" aus Bambusstäben – über Kreuz angebracht – befestigt waren. Es war ein erschütternder Anblick: überall eitrige Wunden und furchtbarste Entstellungen.

Vorn angekommen, fingen sie alle an, ein paar Handvoll Reis aus den verborgenen Falten ihrer Saris und Dhotis (Lendentuch der Männer) auf dem Boden auszuleeren. Das war ihr Zehnter, die Gabe, die sie das Jahr über von ihrer Tagesration, einer Tasse Reis, aufgespart hatten. Der Reisberg auf dem Boden vor der Kanzel wuchs höher und höher – 30 Zentimeter, 50 Zentimeter, einen Meter hoch.

Dann wandte sich der Pastor an mich mit den Worten: „Bruder Ketcham, wir Aussätzigen hier in der Kolonie können uns wirklich glücklich schätzen. Wir haben ein Dach über dem Kopf, eine Strohmatte zum Schlafen, sauberes Wasser, eine Tasse Reis am Tag, ein bisschen Gemüse einmal in der Woche, ein paar Linsen und sogar hin und wieder ein Stückchen Fleisch. Wir werden im Wort Gottes unterwiesen. Unsere Kinder kommen in Heime, wo sie versorgt werden und zur Schule gehen können. Wenn wir sterben, werden wir christlich beerdigt. Was brauchen wir mehr? Wir sind wirklich sehr, sehr glücklich dran. Bitte, nehmen Sie diesen Reis und geben Sie ihn solchen Menschen, die es nicht so gut haben wie wir."

Er bat mich, für den Berg Reis zu beten und ihn zu segnen. Aber ich konnte es nicht. Ich konnte nur weinen. Wem hätte es wohl schlechter gehen können als diesen entstellten Kranken, dem „Abschaum" einer Gesellschaft, in der Gesundheit und Reichtum fast alles bedeuten? Ihre Körper waren vom Aussatz zerfressen, sie mussten in totaler Isolation leben. Und trotzdem – sie waren dankbar, ja, in wunderbarer Weise dachten sie sogar an die, die noch weniger hatten als sie.

Viele Male sind mir seitdem diese Worte der Dankbarkeit durch den Kopf gegangen. Immer wenn ich Probleme habe, wenn ich krank bin, wenn Dinge schief gehen und ich versucht bin, im Selbstmitleid zu versinken, dann fallen mir diese Worte ein: Wie gut habe ich es doch! Wie gut habe ich es doch!

Wunderweiche Frotteehandtücher

ILSE AMMANN-GEBHARDT

Fast vierzig Jahre ist es her. Weihnachten stand vor der Tür. Eifrig kramte ich in Packpapier, Weihnachtspapier und Schleifen aller Art. Vor mir auf dem Tisch lagen eine Reihe von Geschenken, die ich schön verpacken und am nächsten Tag per Luftpost nach Kanada schicken wollte. Dort lebte Marta, die einzige Schwester meines Mannes, mit ihrer Familie. Jetzt nahm ich jedes Geschenk in die Hand und strich darüber. Marta war lange Monate sehr krank gewesen, und noch immer nicht ganz wieder hergestellt. Deshalb freute ich mich doppelt bei dem Gedanken, ihr dieses Paket schicken zu können.

Nacheinander verpackte ich jedes Geschenk. Alle bekamen etwas. Zuletzt lagen noch sechs Frotteehandtücher vor mir. Drei in rosa und drei in himmelblau – klare, kräftige Pastellfarben mit einer wunderschönen Margeritenbordüre. Sie hatten mir schon im Katalog sehr gut gefallen, aber als sie ankamen, waren sie noch viel schöner gewesen, als ich erwartet hatte. Ich strich mit der Hand darüber, drückte ein weiches Handtuch gegen mein Gesicht. Ich glaube, meine Augen leuchteten vor Freude, als ich daran dachte, sie meiner Schwägerin zu schicken. So schöne Handtücher besaß ich selbst gar nicht! Nach fast zehn Jahren Ehe waren viele von ihnen verwaschen. Und bei drei Kindern musste ich beim Kauf neuer Handtücher auch auf den Preis und nicht nur auf die Schönheit schauen.

Sorgfältig legte ich die Handtücher zusammen, packte das Päckchen zu Ende und schickte es am nächsten Morgen auf die Reise nach Kanada.

Der Heilige Abend kam. Zusammen mit unseren Kindern und Schwiegereltern saßen wir um den Baum, der warm und freundlich schimmerte, und sangen Weihnachtslieder. Wir sangen viele, um diese schönen, kostbaren Augenblicke so lange wie möglich auszudehnen. Dann bekamen zuerst die Kinder ihre Geschenke, danach die Erwachsenen. Ich packte meine Päckchen zuletzt aus.

Das Geschenk meiner Schwiegermutter war dick und weich. Neugierig öffnete ich es. Aber wie überrascht war ich: Vor mir lagen sechs Handtücher, drei in himmelblau und drei in rosa. Ja, es waren „meine" Handtücher, die ich nach Kanada geschickt hatte! Wie war das nur möglich?

„Die gleichen habe ich Marta geschickt!", sagte ich immer wieder. Meine Schwiegermutter aber hatte nichts davon gewusst, hatte gar nichts wissen *können*. In unserer Stadt gab es mehrere Textilgeschäfte mit hundert verschiedenen Handtüchern! Noch dazu waren viele unterschiedliche Kataloge auf dem Markt, die seitenweise Handtücher anboten. Wie nur hatte sie ausgerechnet diese Handtücher für mich kaufen können? Es war einfach nicht zu erklären! Aber unsagbar schön – meine eigentliche Weihnachtsüberraschung.

Eines Tages jedoch ging mir die Frage durch den Kopf, ob mein himmlischer Vater mich nicht an jenem Abend gesehen hatte, als ich fast sehnsüchtig das Gesicht in die schönen weichen Handtücher presste, bevor ich sie verpackte und wegschickte? Hatte er vielleicht den Blick meiner Schwiegermutter auf diese Katalogseite gelenkt und ihr zugeflüstert: „Kaufe sie, es sind die richtigen!", und sie hatte es getan?

Wie auch immer: Für mich ist die Geschichte auch heute noch eines jener vielen „kleinen Wunder" des Lebens und eine schöne, freundliche Erinnerung.

Wenn Grenzen fallen

HANNELORE ILLGEN

„Für mich ist nichts unmöglich!" Mit diesen Worten versicherte Gott Abraham, dass er auch das Undenkbare in seinen Plan mit eingeschlossen hatte: Im Alter von hundert beziehungsweise neunzig Jahren sollten Abraham und seine Frau Sara noch Eltern werden (1. Mose 18,14).

Auch ich persönlich habe erlebt, wie Gott gerade da etwas geplant und gewirkt hat, wo ich mich mit dem Wort „Niemals!" – also einem „Unmöglich!" – festgelegt hatte.

Es muss um 1985 gewesen sein. Damals las ich ein Buch, in dem die Autorin von einer Reise berichtet, die sie und eine Freundin Anfang der siebziger Jahre unternommen hatten. Ihr Ziel war ein europäisches Land, das damals zu den verschlossensten der Welt gehörte – Albanien.

Trotz größter Vorsichtsmaßnahmen wurde entdeckt, dass die beiden Frauen einige der wenigen Exemplare christlicher Literatur, die es in moderner albanischer Sprache gab, verteilt hatten. Bei den Verhören wurden sie deswegen mit dem Tod bedroht. Doch wie durch ein Wunder kamen die Frauen frei. Eines Nachts wurden sie in den Norden Albaniens gebracht und über die Grenze „abgeschoben".

Erst Jahre später war die Verfasserin in der Lage, den erlebten Terror in einem Buch zu schildern. Nach dem Lesen ihrer Erlebnisse schien derselbe Schrecken, den die beiden Frauen in Albanien erlebt hatten, auch mich erfasst zu haben. „Was für grausame Menschen die Albaner doch sind!", sagte ich zu mir selbst. „Niemand wird mich je in ihr Land bekommen!"

Keine zehn Jahre später reiste ich zum ersten Mal nach Albanien! Seither bin ich noch viele Male dort gewesen und habe – zusammen mit Mitarbeiterinnen der Frauenarbeit, in der ich damals stand – vor allem den Frauen dieses Landes Gottes Liebe weitergegeben.

Wie es dazu kam? Gott ließ mich zunächst Menschen aus Albanien in Deutschland kennen lernen. Dazu gehörte besonders eine meiner Grundschülerinnen, der ich mit anderen Kindern aus Asyl suchenden Familien Deutschunterricht erteilte. Wie schnell sie die deutsche Sprache lernte! Eine Kinderbibel, die ich ihr auslieh, las die Drittklässlerin in kurzer Zeit durch. Sie stellte viele Fragen, sogar zum persönlichen Glauben. Bald lernte ich ihre Eltern und ihre Schwester kennen, und gemeinsam mit meinen eigenen Kindern verlebten wir so manche fröhliche Stunde …

Dann wurde angeordnet, dass die Familie ins Heimatland zurückkehren sollte. Vor dem Abschied sprach sie die Einladung aus: „Bitte, besucht uns in Albanien!" Ich hatte zwar dieses begabte Mädchen lieb, aber meine Reaktion lautete: „Das kann ich mir nicht vorstellen."

Ein Jahr später saßen wir zusammen mit der Familie an einem See im Norden Albaniens und aßen Balkanspezialitäten. Es war ein Wunder! Auch mein Mann war mitgekommen, um mir mit meinem schweren Gepäck voller Hilfsgüter zu helfen. Der Schmutz, der Gestank, das dürre Land, die heruntergekommene Wirtschaftslage und die halb zerfallenen Häuser, vor allem aber die leeren Gesichter der Menschen schockierten uns zutiefst.

In den wenigen Stunden, die wir mit der Familie bei unserem ersten Besuch verbrachten, konnten wir den Kontakt zu deutschen Missionaren herstellen, die später in ihrer Stadt mit Gottesdiensten begannen. Mitglieder der Familie lernten Jesus kennen, meine ehemalige Schülerin wuchs im Glauben. Viele Male habe ich seither „meine" albanische Familie besucht. Bis heute stehen wir in Kontakt und beten für einander.

Während unseres ersten Aufenthaltes besuchten wir auch die erste von Deutschland aus gegründete christliche Gemeinde. Dort traf ich Frida – sie wurde später die erste Leiterin der christlichen Frauenarbeit, die wir in Albanien gründeten. Frida und ich reisten zusammen in die USA, um dort bei einer internationalen Konferenz vor 10 000 Frauen über ihr Land zu berichten, das vor Jahrzehnten von sich gesagt hatte: „Wir sind das erste atheistische Land der Welt!"

Bis heute verbindet mich eine tiefe Freundschaft mit Frida. Bei den größeren und kleineren Frauentreffen, die sie in Albanien veranstalten konnte, fanden Frauen zum Glauben an Jesus Christus, erlebten Heilung und übernahmen Verantwortung im Gebet – für ihre Familien, ihren Ort, ihr Land.

„Wir erleben euch als Vorbild", sagte uns Nexhmije, Literatur- und Kunst-Lehrerin sowie eine bekannte Kinderbuch-Autorin Albaniens. Später wurde sie die Landes-Koordinatorin unserer Frauenarbeit. Kurz vor dem Fall des atheistischen Staatssystems hatte sie Jesus kennen gelernt, als sie heimlich eine italienische Bibel las. Mit ihr führten wir 1998 den ersten christlichen Frauentag Albaniens durch.

Es war bewegend zu sehen, wie weit über hundert Frauen Gott um Vergebung für die Schuld ihres Landes baten. Ein Jahr zuvor hatten die Albaner, die in Sachen Demokratie und Marktwirtschaft wenig Erfahrung besaßen und mit christlichen Werten kaum etwas anfangen konnten, einen großen Teil ihrer damals noch vorhandenen Lebensgrundlagen zerstört, nachdem sie von Geschäftemachern irregeleitet worden waren. Auch christliche Projekte blieben nicht verschont.

Inzwischen konnten wir drei christliche Frauenmagazine in Albanien erstellen – die ersten farbigen Zeitschriften in der Landessprache. Viele Tausend Exemplare wurden nach dem Krieg auch im Kosovo, wo ebenfalls albanisch gesprochen wird, verteilt.

Der Platz reicht nicht aus, um von all dem zu berichten, was Gott zu seiner Ehre bei zahlreichen Frauen – sowohl Albanerinnen als auch Deutschen – gefügt und gewirkt hat. Ich staune, wie er auch mich verändert hat.

Dieses Wunder nahm seinen Anfang, als Gott meine selbst gesteckten Grenzen und gefühlsmäßigen Festlegungen nicht beachtete. Stattdessen führte er mich genau dort, wo ich meine Eingrenzung formuliert hatte, Stück für Stück gezielt darüber hinaus. Einfach, weil es sein Wille war!

Ich glaube, dass Gott so etwas in jedem Leben vollbringen will und kann. Für uns Menschen ist es ein Wunder, für ihn ein Teil seines Planes, den er gebraucht, damit andere – und wir selbst – gesegnet werden.

Ein Haus als Stall und als Krippe ein Herz

RUTH HEIL

Es war wenige Wochen vor Weihnachten. Ich hatte gerade alle Hände voll zu tun, als unsere Tochter anrief: „Hallo, Mama! Kann ich nachher kurz vorbeikommen?" „Na klar, komm nur, du bist doch immer willkommen!", gab ich zurück. Bald schon läutete es stürmisch an der Tür. Meine beiden kleinen Enkelkinder stürmten herein, und zwischen ihnen drängte sich Sheema, ihre Hündin, nach vorne, um mich als Erste zu begrüßen. Dieses Mal hatte sie allerdings Mühe, an mir hochzuspringen, da ihr Umfang beträchtlich zugenommen hatte. „Wann ist es denn so weit?", fragte ich anteilnehmend. „Weißt du, Mama, das ist eigentlich der Grund, warum wir vorbeigekommen sind. Ich will mit den Kindern zu einer Geburtstagsparty, aber ich wollte Sheema nicht zu Hause lassen. Vielleicht geht es ja bald los, und dann wäre sie ganz allein." „Na ja", lachte ich, „davor werde ich hoffentlich verschont."

Meine Tochter war noch keine zehn Minuten aus der Haustür, als Sheema eigenartig glasige Augen bekam und seltsame Laute von sich gab. Nach kurzer Zeit lag ein kleines, glitschiges Hundebaby auf dem Teppich, das von seiner Mutter abgenabelt und liebevoll abgeleckt wurde. Die Plazenta kam hinterher, und bald danach folgte ein zweites, entzückendes Kleines. Normalerweise bekommen Rottweiler zwei bis vier Junge, war mir in Erinnerung geblieben. Na ja, vielleicht war ja alles schon überstanden.

Doch es dauerte nicht lange und die Babys Nummer drei und vier waren auf die Welt gepurzelt. Dann folgten kurz nacheinander Nummer fünf und sechs. Es stimmte also doch, dass es in unserem Haus immer ein paar mehr Kleine als anderswo gab. So jedenfalls hatte sich jemand geäußert, als unsere Katze vor kurzem acht Junge zur Welt gebracht hatte.

„Hoffentlich ist es aber nun geschafft", dachte ich, als ich die ziemlich entkräftete Hündin betrachtete. Wer hätte gedacht, dass es noch weiter gehen sollte! Inzwischen waren Nummer sieben und acht geboren, und allmählich gewann ich den Eindruck, nicht mehr in der Realität zu sein. Bei der Geburt des zehnten und elften Hundebaby tauchte unser Schwiegersohn auf, der den Rest seiner Familie bei uns abholen wollte. Statt dessen wurde er als männliche Hebamme eingestellt. Da die Hündin kaum mehr

Kraft zum Pressen hatte, zogen wir die kleinen Hunde heraus, durchschnitten die Nabelschnur und rubbelten sie trocken.

Inzwischen waren wir mit dem Zählen bei zwölf und dreizehn angekommen, allesamt quicklebendige Welpenwinzlinge, die sich, so klein wie sie waren, unbeholfen auf die Suche nach einer Zitze machten. Und dort, am Bauch der Mutter, fand ein riesiges Gedränge statt. Wettstreit um den besten Platz!

Nach dem vierzehnten Rottweilerbaby war der Alptraum zu Ende. Erschöpft ließen wir uns nieder – Schwiegersohn, Hündin und ich. Da klingelte es an der Haustür. So stürmisch wie zuvor rannten die Enkelkinder, gefolgt von ihrer Mama, herein. Mit offenem Mund standen sie da und staunten, völlig sprachlos – was für ein seltener Zustand!

„Und was machen wir jetzt?", fragte unsere Tochter, als ihr nach der anfänglichen Begeisterung allmählich bewusst wurde, welche Folgen diese Geburt haben würde. „Wohin mit diesem Segen?" Und nach einer Pause: „Mama, die müssen bei dir bleiben. Wir haben keinen Platz bei uns." Im Keller wurde ein großer Kasten für Hundemutter und -babys gezimmert. So oft unsere Kinder Zeit hatten, kamen sie, um mir beim Füttern zu helfen. Auch Sheema tat, was sie konnte.

Doch es blieb nicht aus, dass nach vier Wochen unser ganzes Haus stank, trotz des ständigen Bemühens, den Kasten einigermaßen sauber zu halten. Und das ausgerechnet an Weihnachten! Ja, mir „stank" es buchstäblich, und ich fühlte mich in dieser Geschichte ein bisschen wie der Esel. Nun waren unsere eigenen elf Kinder aus dem Gröbsten heraus, und trotzdem kämpfte ich wieder mit Unordnung und Gestank.

„Für mich wäre ein besinnlich-ruhiges Weihnachtsfest eine willkommene Abwechslung gewesen!", dachte ich, während mir der Postbote ein paar Briefe reichte und etwas irritiert auf den Gestank reagierte, der in seine Nase drang.

Gestresst von Füttern und Säubern ließ ich mich auf einen Küchenstuhl fallen und öffnete den ersten Brief. „Ich wünsche dir", las ich da schwarz auf weiß, „dass in dieser Weihnachtszeit dein Herz zur Krippe und dein Haus zum Stall wird."

Da musste ich doch laut lachen. Ja, so war es, mein Haus war zum Stall geworden – mit all seinen Gerüchen. Und noch vieles andere stimmte an diesem Wunsch. Ich war nämlich der Esel in diesem Stall, ein störrischer Esel, der sich selbst bedauerte. Einer, der vergessen hatte, dass das Weihnachtswunder in einem Stall stattgefunden hatte – unter unklaren Umständen und möglicherweise nicht mit Weihrauchgeruch. Auch damals herrschte Stall-atmosphäre, und die Geburt lief sicherlich nicht so sauber und geordnet ab, wie wir uns das immer wünschen oder vorstellen, wenn wir Weihnachten das Krippenspiel in der Kirche sehen.

In dieses Quartier kam Jesus als Kind, mitten drin lag er, in einer Krippe, wahrscheinlich umgeben von ähnlichen Gerüchen wie ich.

Der Stall stimmte also, eine Eselin war auch vorhanden. Doch wo war das Herz, das zur Krippe werden sollte?

Ich sehnte mich nach Weihnachten und war doch mittendrin – und hatte es nicht einmal bemerkt! Auf einmal schien es mir, als läge das Jesuskind am Boden des Stalls. Ich bemühte mich so sehr, die Unannehmlichkeiten zu bewältigen, dass ich vergaß, die Krippe für das Kind vorzubereiten. Weil ich keine Wiege besaß, um es würdig hineinzulegen, lag es am Boden und wartete darauf, dass ich es beachtete. Es fand keinen Raum in der Herberge, so wie damals in Bethlehem.

„Herr", kam es aus meinem Herzen, „vergib mir, dass mich die äußeren Umstände so gefangen genommen haben. Du siehst, ich bin ein Esel. Aber wenn du mein Herz als Krippe willst, komm bitte und wohne bei mir." Ein tiefer Friede durchströmte mich. Ich spürte, wie Gott mein armes Gebet erhört hatte. Er war gekommen. Er hatte sich in meiner Herzenskrippe niedergelassen.

Und plötzlich störte mich der Stallgeruch nicht mehr. Es war, als hätte Gott meine inneren Ohren aufgetan, und ich hörte die

Engel, wie sie jubilierten: „Ehre sei Gott in der
auf Erden den Menschen, die guten Willens si

Ja, das Wollen genügte. Den Rest besorgte
Krippe meines Herzens.

Und dann schrieb ich eine Karte an die
Wunsch geschickt hatte, dass mein Haus zu
Herz zur Krippe werden würde. „Es stimm
wissen, „sogar der Gestank. Aber vor allem eines: Das Kind liegt
jetzt in der Krippe …"

Das schwarze Zeichen

KATHLEEN RUCKMAN

Man schrieb den 23. Dezember 1910. Für viele, die in der Slowakei wohnten, war es dieses Mal ein trauriges Weihnachten, denn die Diphterie grassierte unter der Bevölkerung. In Velky' Slavkov, einem kleinen Dorf am Fuß der Hohen Tatra, ging ein hagerer Mann eine einsame Straße entlang. Er zog seinen Hut tiefer in die Stirn, um sich vor dem eisigen Wind zu schützen, der von den nahen Bergen blies, und schritt zügig aus, vorbei an Häusern mit fest verschlossenen Fensterläden.

Schon seit Wochen wütete die Seuche in den Ortschaften am Fuß der Hohen Tatra. Fast die Hälfte der Dorfbewohner von Velky' Slavkov war ihr bereits zum Opfer gefallen – viele von ihnen waren Kinder unter zehn Jahren …

Mit einem Eimer schwarzer Farbe in der Hand stieg der Mann die Außentreppe eines alten Hauses hinauf und malte ein „X" an den hölzernen Türpfosten der Familie Boratkova. Ein weiteres Haus stand unter Quarantäne!

Mann gegangen war, kniete Susanna Boratkova weinend .pfosten nieder und sandte auf Slowakisch ein Gebet zum .mel empor. In knapp einer Woche waren sie und ihr Mann Jano plötzlich kinderlos geworden. Ihre Älteste, die fünfjährige Mariena, war der Seuche bereits vor einigen Tagen erlegen. Und soeben war Jano im Holzschuppen auf dem Hof damit beschäftigt, die letzten Nägel in einen der Särge zu schlagen, die er für seine beiden Söhne gezimmert hatte. Sie waren erst vor wenigen Stunden an der Diphterie gestorben. Zwischen ihrem wiederholten Schluchzen hörte sie Jano husten und keuchen, denn auch ihn hatte die tödliche Krankheit bereits in ihren Klauen ...

Susanna ging zurück ins Haus. Tränen bitteren Schmerzes flossen über ihre Wangen, während sie ihre Jungen wusch und in die Leinentücher wickelte, um sie dann behutsam in die aus Fichtenholz gezimmerten einfachen Särge zu legen. Mit Janos Hilfe hob sie die Särge auf den Wagen, ein kurzer Ruck an den Zügeln, und im Zuckeltrab ging es zum Dorffriedhof.

Während sie die Pferde durch den fußhohen Schnee lenkten, stemmten sich Jano und Susanna gegen den eisigen Wind, der ihnen entgegenblies und wie Nadelstiche in Körper und Seele drang. „Noch eine Fahrt zum Friedhof halte ich nicht aus", schluchzte Susanna, während sie an den Häusern vorbeifuhren, die fast alle mit dem schwarzen Todeszeichen versehen waren. Obwohl die beiden mit den anderen betroffenen Familien mitfühlen konnten, hatten sie doch nicht mehr die Kraft, ihnen Mut und Trost zuzusprechen. Zu sehr waren sie von ihrem eigenen Schmerz überwältigt, der sie so fest einhüllte wie die Leichentücher ihre toten Kinder.

Zwei neue Gräber waren schon in der gefrorenen Erde ausgehoben worden. Der Tod hatte alle ihre drei Kinder auf ewig miteinander vereint. Susanna kämpfte sich mühsam durch das Vaterunser hindurch und klammerte sich dann weinend an das kalte Erdreich, als wollte sie es nie wieder loslassen. Schließlich zog Jano sie mit sanfter Gewalt hoch und führte sie zurück zu ihrem Wagen. Susanna verschränkte ihre leeren Arme üb[er ihrer] Brust. Schmerzlich wurde ihr bewusst, dass diese Arme nie ihre Kleinen umfangen und ans Herz drücken würden.

Morgen war Heiligabend. Als Jano und Susanna ihr Haus betraten, das auf einmal so abweisend und verlassen wirkte, brauchten sie dringend Trost. Sie brauchten den Zuspruch ihrer Dorfgenossen, aber – keiner traute sich in ihre Nähe. Es gab weder Weihnachtsgrüße noch mitfühlende Worte. Das schwarze „X" bedeutete unmissverständlich „Tod" und warnte jeden: „Achtung, nicht eintreten!" Ihr Haus war zu einem furchteinflößenden, verbotenen Grab geworden.

Drei Paar kleine braune Lederschnürstiefel standen in Reih und Glied vor dem Holzofen – so ordentlich wie immer, wenn Susanna die Kinder ins Bett gebracht und liebevoll zugedeckt hatte. Doch jetzt lag niemand unter dem dicken Federbett, und das alte, sonst so gemütliche Haus war ihr noch nie so kalt und unfreundlich vorgekommen.

„Das nächste Weihnachtsfest werde ich wohl nicht mehr erleben", flüsterte Jano mit schwacher Stimme, zu seiner Frau gewandt, „wahrscheinlich nicht einmal den Jahreswechsel!" Er schob Suppe und Brot von sich – das Schlucken war ihm zu beschwerlich geworden. Es war, als hätte ihm die Diphterie eine Schlinge um den Hals gelegt – eine Schlinge, die immer enger zugezogen wurde und ihn weder essen noch richtig atmen ließ. Der Dorfarzt hatte nur die Schultern gezuckt, als er Jano vor ein paar Tagen untersucht hatte. Er konnte ihm auch nicht mehr helfen.

Susanna holte fast mechanisch Holz und entfachte ein Feuer im Ofen. Sie war eigentlich sicher, dass ihr Mann die kommende Nacht nicht überleben würde.

Der Morgen kam – und Jano war noch am Leben. Schneeflocken fielen von einem grauen Himmel, und der Wind blies einen weißen Nebel über die zugefrorenen Fensterscheiben. Susanna, erschöpft von der unruhigen Nacht mit viel zu wenig

Schlaf, tauchte erneut ihr Tuch ins kalte Wasser, um damit Janos fieberheiße Stirn zu kühlen. Dann rieb sie das Eis von dem vergitterten Fenster und ließ ihren Blick über die Berge der Hohen Tatra schweifen. In Gedanken sagte sie die Worte des 121. Psalms vor sich hin: „Ich hebe meine Augen auf zu den Bergen, woher kommt mir Hilfe ..."

Plötzlich wurde ihr Blick auf eine Bauersfrau gelenkt, die durch den Schnee gestapft kam. Ihr rot-blau karierter Schal, der um die gebeugten Schultern geschlungen war, schien kaum warm genug zu sein, die morgendliche Kälte abzuhalten. Die Frau hatte eine „Babuschka", ein großes Tuch, um den Kopf gewickelt. Ihr langer Bauernrock war aus vielen verschiedenfarbigen Baumwoll- und Leinenflicken zusammengesetzt. Dicke wollene Gamaschen und hochgeknöpfte Stiefel gestatteten es ihr, mühelos durch den Schnee zu kommen. In einer ihrer bloßen Hände hielt sie ein Glas mit einer klaren Flüssigkeit. Susanna stand wie versteinert am Fenster und sah zu, wie die Alte mit schlurfenden Schritten den verbotenen Fußweg zu ihrem Haus einschlug ...

Der Türklopfer schlug zweimal. Susanna hatte sich aus ihrer Erstarrung gelöst. Vorsichtig öffnete sie die Tür und blickte in ein nicht alltägliches Gesicht – ein Gesicht, das von vielen Falten durchzogen war, die von jahrelanger Arbeit auf dem Feld und von vielen harten Wintern zeugten. Aber mitten darin leuchteten zwei Augen mit einer Freundlichkeit, die Susannas erstarrtes Herz erwärmten.

„Wir haben die Seuche im Haus, und mein Mann hat hohes Fieber", sagte sie warnend zu der Fremden. Die alte Frau nickte und bat, eintreten zu dürfen. Sie hielt Susanna das Glas hin. „Nimm ein sauberes, weißes Tuch und wickle es um deinen Finger", wies sie Susanna an. „Diesen Finger tauchst du hier in das Petroleum und wischst damit die Kehle deines Mannes aus. Anschließend lässt du ihn einen Esslöffel voll davon schlucken. Das wird ihm helfen, den tödlichen Schleim zu erbrechen. Sonst muss er ganz bestimmt ersticken. Ich werde für dich und deine Familie beten."

Die Alte drückte Susannas Hand und trat schnell wieder ins Freie. Noch nie war Susanna so von Herzen gerührt gewesen. Hier war eine alte Frau, die sich nicht von der Ansteckungsgefahr abhalten ließ, sondern ihr in Liebe begegnete. Und das Geschenk, das sie so ganz unerwartet in ihre Hände gelegt hatte, war ein bekanntes Hausmittel gegen Diphterie. „Ich werde es versuchen", rief sie der Alten mit Tränen in den Augen nach. „Gott segne dich!"

Und so geschah es, dass in der Frühe des Heiligabends Jano Boratkova den tödlichen Schleim herauswürgte. Damit war das Fieber gebrochen. Susanna weinte Freudentränen und pries Gott. Ein leiser Hoffnungsschimmer erhellte für einen Augenblick ihr Herz: Gewiss würde der Allmächtige ihnen beiden eines Tages wieder Kinder schenken.

An jenem Heiligabend gab es für Jano und Susanna keinen schimmernden, geschmückten Weihnachtsbaum und auch keine Geschenke. Aber das Glas mit dem Petroleum, das auf der Fensterbank leuchtete, war ein Geschenk neuen Lebens für viele kommende Generationen.

Postskript: Susannas Hoffnung auf weitere Kinder erfüllte sich. Dem Ehepaar wurden in den darauffolgenden Jahren einmal Drillinge, zweimal Zwillinge und zwei einzelne Kinder geschenkt. Zwei der Drillinge wurden Johannes und Paul genannt, nach den beiden Söhnen, die an Diphterie gestorben waren. Der andere Drilling, Samuel, ist der Vater der Autorin.

Eine Kette himmlischer Ereignisse

MARIJA KOPRIVNJAK

Die zerklüftete, hässliche Silhouette beschädigter Gebäude war ein ständiges Mahnmal für die zwei Millionen Granaten und Bomben, die Anfang der 90er Jahre auf Vukovar/Kroatien herabgeprasselt waren. Die ganze Stadt wirkte düster und bedrückend. Auch in den Herzen der Menschen war die Hoffnung fast erloschen. Sie fühlten sich wie die Gebäuderuinen um sie herum: zerschlagen und von der Welt vergessen. Mit hängenden Schultern gingen sie umher, gebückt unter der schweren Last, die das Leben ihnen aufgebürdet hatte. Der nahende Winter brachte zusätzliche Sorgen. Wie würden sie sich warm halten? Und wie sollten sie auf diesem harten, unergiebigen Boden Nahrung finden?

Dann fielen die ersten Schneeflocken. Die gebückten Gestalten richteten sich auf und blickten nach oben, um die filigranen Flöckchen zu betrachten, die sanft zu Boden fielen. Der Schnee zeigte den Wintereinbruch an, aber die Schönheit jeder Schneeflocke besänftigte die Menschen. Fast freundlich fühlte er sich an, wenn er ihre wettergegerbte Haut streichelte. Die Flocken türmten sich auf den Zweigen der Bäume und verwandelten die hässlichen Ruinen allmählich in glänzende Silhouetten. Unter diesem sorgfältig ausgebreiteten, riesigen weißen Tischtuch sah Vukovar plötzlich wieder lebendig aus. Kinder kamen zum Spielen nach draußen und quietschten vergnügt, während sie Schneebälle warfen und Schneemänner bauten. Jeder genoss die neue Helligkeit. Sie weckte Freude, sogar Hoffnung. Fast schien es, als würde die Natur sagen: „Hier hat es schon genug Dunkelheit gegeben. Es ist an der Zeit, diesen Ort sauberzumachen."

Nun stand Weihnachten vor der Tür. Meistens hatte ich in den vergangenen Jahren einsame und hungrige Menschen eingeladen, um unser Weihnachtsessen mit ihnen zu teilen. Doch dieses Mal erholte ich mich noch von einer Brustkrebsoperation und der Chemotherapie. Mein Körper war sehr schwach, und ich fühlte mich nicht stark genug, um für andere ein Weihnachtsessen zu kochen. Deshalb lud ich niemanden ein, zu uns zu kommen, und wir lehnten auch alle Einladungen ab, andere zu besuchen. Wir wollten einfach als Familie zusammensein. Ich bereitete einen Truthahn zu, aber keiner von uns aß viel, und so blieb eine Menge übrig.

Nach dem Essen spielte unsere Tochter Tabitha mit einem Mädchen aus der Nachbarstraße. „Hast du schon ein Weihnachtsessen gehabt?", fragte ich die Kleine. „Nein", erwiderte sie. Ich kannte die Familie dieses Mädchens, denn ihre Eltern besuchten mit den zwei jüngeren Kindern gelegentlich unsere Gemeinde. Ihr Haus war während des Krieges völlig zerstört worden, und seit zehn Jahren mussten sie mit ihren vier Kindern im Keller leben. Jedes von ihnen hatte viel Trauriges und Schockierendes erlebt. Einer ihrer Söhne litt beispielsweise an Essstörungen. Der Nahrungsmangel hatte dem Jungen so zugesetzt, dass er große Angst hatte, nichts zu essen zu bekommen. Wenn es dann etwas zu essen gab, schlang er alles zwanghaft hinunter. „Sag deiner Familie, dass wir von unserem Essen noch viel übrig haben", forderte ich jetzt das kleine Mädchen auf. „Ihr könnt kommen und es euch holen; dann habt ihr auch ein Weihnachtsessen."

Später an diesem Nachmittag rief meine Schwester aus Deutschland an. Wir sprachen über die üblichen Dinge, und sie erkundigte sich nach unserem Weihnachtsfest. Ich erzählte ihr, dass Weihnachten dieses Mal anders verlaufen war, weil wir niemanden eingeladen oder besucht hatten – unsere Familie hatte zusammen gegessen, und dann hatte ich das, was übrig geblieben war, einer armen Familie gegeben. Sofort hakte meine Schwester nach: „Kann ich etwas für diese Familie tun?" „Ach, ich weiß gar nicht, wo man anfangen soll", erwiderte ich. „Ich würde dieser Familie gern helfen", fuhr meine Schwester fort. „Ich werde sie ein Jahr lang monatlich unterstützen, damit sie sich Nahrung und andere wichtige Dinge kaufen kann." Als ich der Familie die gute Nachricht mitteilte, war ihre Freude unbeschreiblich: Gott hatte sie nicht vergessen!

Wenige Monate später fingen auch die zwei älteren Kinder an, zusammen mit der Familie in den Gottesdienst zu kommen. Nach einiger Zeit wurden sie offener für Gott und erkannten, wie sehr er sie liebte. Schließlich trafen sie beide die Entscheidung, Jesus nachzufolgen, und ließen sich in unserer Gemeinde in Vukovar taufen. Nach dem Abschluss des Gymnasiums im Sommer 2002 beschloss einer der Brüder, an einer Bibelschule in Osijek zu studieren. Die Eltern konnten Gott nur noch für diese neue Wendung im Leben ihrer Kinder danken.

Und all das begann mit einem Weihnachtsessen! Es brachte zwei junge Menschen schließlich dazu, sich für den Dienst im Reich Gottes ausbilden zu lassen. Nur Gott kann eine solche Geschichte schreiben. In unserer Welt gibt es so viel Not. Lassen wir uns doch vom Heiligen Geist leiten, wem wir helfen sollen! Dann können auch wir Teil einer Kette göttlicher Ereignisse sein, die anderen Menschen Hoffnung bringt.

Heilung von Körper und Seele

Wer kann helfen, wenn eine Welle von Schmerzen den Körper oder die Seele überschwemmt? In der Begegnung mit Gottes Liebe und Kraft weicht der Schrecken der Krankheit, verlieren Enttäuschungen ihre Macht. Depressionen lösen ihren klammernden Griff, und wachsendes Vertrauen überwindet die Angst. Ein neuer Friede blüht auf.

Medikament Hoffnung

Inge Wende

Weihnachten 1988. Für meine Familie war es in jenem Jahr ein ganz besonderes Fest, denn wir konnten alle zusammen sein, auch wenn meine Krankheit ihre Schatten auf unsere Weihnachtsfreude warf. Würde ich den nächsten Heiligabend noch erleben?

Ich ließ die letzten neun Monate Revue passieren. Die Sorgen begannen im Februar mit einem Krankenhausaufenthalt. In den Händen des Chefarztes fühlte ich mich gut aufgehoben, und ich wusste, dass ich in Gottes Hand geborgen war. Schon als Kind hatte ich Jesus Christus mein Leben anvertraut.

Die Diagnose war unklar. Als ausgebildete Krankenschwester wusste ich normalerweise, was die Untersuchungsergebnisse der Ärzte bedeuteten. In meinem Fall waren die Befunde jedoch anders. Deshalb wurde ich in die Uniklinik verlegt. Nach einer Knochenmarkpunktion stand schließlich fest, dass ich an einer sehr aggressiven Form der Leukämie erkrankt war. Sollte dies mein Ende sein?

Der behandelnde Professor bereitete mich auf das vor, was nun kommen würde: „Es werden erst einige Chemotherapien gemacht. Die Therapie muss so stark sein, dass sie den Krebs sofort vernichtet. Ihre Haare werden ausgehen, Finger- und Fußnägel können sich verändern. Das sind alles normale Begleiterscheinungen. Reden Sie über Ihre Krankheit! Sie ist ab heute ein Teil Ihres Lebens. Sie können nicht allein damit fertig werden."

Wie froh und dankbar war ich gerade jetzt, meinen himmlischen Vater zu kennen. In meiner Not konnte ich zu ihm kommen und ihn um Hilfe bitten.

Vor der eigentlichen Therapie war eine Krebsoperation erforderlich. In den wenigen Tagen, die mir vor der OP noch blieben, hatte ich manche Gespräche zu führen, Menschen um Verzeihung zu bitten, denen ich Unrecht getan hatte, und anderen zu vergeben, die mich verletzt hatten. Kurz nach der Operation begannen dann die ersten Chemotherapien. Sie waren äußerst anstrengend und erschöpfend. Die Schmerzen raubten mir fast den Verstand.

Mein Mann war mir in dieser Zeit eine große Hilfe. Immer wieder sagte er mir, wie sehr er mich liebe. Auch meine Kinder standen hinter mir. Einmal erklärte mir unser Sohn Tobias: „Wir haben dich nicht lieb gehabt, weil du schöne Haare hattest. Wir haben dich jetzt genauso lieb – auch ohne Haare. Wir lieben dich, weil du unsere Mama bist." Und unser damals knapp 15-jähriger Sohn Matthias meinte: „Papa, sag der Mama, ich kämpfe mit ihr." Wie gut tat es zu wissen, dass Familie, Eltern, Geschwister und Freunde mitkämpften! Wie gut zu erfahren, dass ich mich in ihnen nicht getäuscht hatte. Niemand zog sich zurück. Dankbar nahmen wir alle Unterstützung und Hilfe an.

In der Klinik war es eine große Ermutigung für mich, die gesungenen Worte von Gerhard Schnitter zu hören: „Aber der Herr ist immer noch größer – größer als ich denken kann. Er hat das ganze Weltall erschaffen, alles ist ihm untertan!"

Einige Monate nach der Behandlung wurde ich dann von einer inneren Krise geschüttelt. Infolge eines leichten Halsinfektes stimmten meine Blutwerte nicht mehr. Zur Diagnosestellung war eine Knochenmarkpunktion erforderlich. Jetzt begann das bange Warten. War dies ein Rückfall? Sollte alles Bangen, Hoffen und Kämpfen umsonst gewesen sein? Ich wollte beten und stellte fest, dass ich keine Worte fand.

Wo war Gott? Hatte er mich vergessen? Ich konnte das alles nicht einordnen. Mein Wunsch war, dass Gott die Situation auf positive Weise lösen würde. Ich hoffte, der Professor würde mir bei seinem Anruf sagen: „Frau Wende, alle Aufregung war umsonst. Das Labor hat falsche Werte ausgegeben. Bei Ihnen ist alles in Ordnung." Doch leider kam ein solcher Anruf nicht. Meine Angst wurde unerträglich. An diesem Abend rief mich meine Schwägerin ans Telefon. Der Professor wolle mich sprechen. „Frau Wende", sagte er, „ich habe wieder Krebszellen im Knochenmark gefunden. Nun ist eine Knochenmarktransplantation notwendig."

Genau in diesem Augenblick schenkte mir Gott das Wort aus Jesaja 43,1-3 in mein Herz: „Fürchte dich nicht, denn ich habe dich erlöst; ich habe dich bei deinem Namen gerufen; du bist mein! Wenn du durch Wasser gehst, will ich bei dir sein, dass dich die Ströme nicht ersäufen sollen; und wenn du ins Feuer gehst, sollst du nicht brennen, und die Flamme soll dich nicht versengen. Denn ich bin der Herr, dein Gott ..."

Auf einmal erlebte ich einen unbeschreiblichen Frieden in meinem Herzen. Mir fiel es wie Schuppen von den Augen: „Ich sterbe erst dann, wenn meine Zeit abgelaufen ist." Eigentlich hat Gott uns in seinem Wort ja mehr Jahre versprochen. In Psalm 90,10 heißt es: „Unser Leben währet siebzig Jahre, und wenn's hoch kommt, so sind's achtzig Jahre, und was daran köstlich scheint, ist doch nur vergebliche Mühe; denn es fähret schnell dahin, als flögen wir davon."

„So alt bin ich noch nicht", überlegte ich. „Einige Jahre könnte ich noch gut gebrauchen. Ob meine Zeit wohl früher beendet sein wird?" In diesem Moment wusste ich: Der Vater im Himmel hat die Verantwortung für meinen Mann, meine Kinder und mich. *Er* wird für uns sorgen. Plötzlich war mein Herz ruhig. Wichtig war für mich nur noch, dass ich Gottes Frieden hatte.

Zur Vorbereitung der Transplantation kam ich stationär in die Klinik. Am Heiligabend durfte mein Mann mich noch einmal für zwei Tage nach Hause holen. Dieses Weihnachtsfest feierten wir als Familie ganz bewusst. Der Heiland, der Erretter – unser Erlöser – war geboren. Welches Vorrecht, zu diesem Erlöser gehören zu dürfen! Mit fröhlichem Herzen stimmten wir gemeinsam die Liedzeile „Christ, der Retter, ist da" an. Der Abschied am zweiten Weihnachtstag brachte Schmerz und Tränen, doch der Friede in unseren Herzen blieb.

Die Vorbereitung zur Knochenmarktransplantation begann mit einer Reihe von Ganzkörperbestrahlungen und einer anschließenden hochdosierten Chemotherapie. Am 5. Januar 1989 erfolgte dann die Transplantation. Die darauffolgenden Wochen waren geprägt von großem körperlichen Leiden. Ich war dem Tode sehr nahe. Alte Evangeliumslieder waren mir in dieser Zeit eine große Hilfe. Dankbarkeit erfüllte mein Herz, als ich durchs Telefon das Lied hörte: „Herr, weil mich festhält deine starke Hand, vertrau ich still ..." War ich noch fähig zu einem solchen Vertrauen?

Als mir damals in der Uniklinik Gießen die Diagnose mitgeteilt wurde, betete ich: „Herr Jesus Christus, wenn du mir noch einmal Jahre schenkst und ich leben darf, will ich den Menschen erzählen, wie du mir geholfen hast."

Inzwischen sind viele Jahre vergangen. Ich danke Gott, dass ich seit der Transplantation keinen Rückfall mehr hatte. Heute leiten mein Mann und ich die Leukämiehilfe und das Missionswerk „Leben & Hoffnung", dessen Ziel es ist, kranken Menschen Mut und Hoffnung zuzusprechen und ihnen das Evangelium zu bringen. Immer wieder stellen wir fest, wie wichtig es ist, Betroffenen und ihren Angehörigen Hilfestellung zu geben, damit Ehen und Familien nicht an der Krankheit zerbrechen. „Wenn man den Betroffenen liebt, leidet man sich kaputt", hat mein Mann einmal gesagt. „Die Familie muss intakt sein." Bei meiner Arbeit als Krankenschwester habe ich erlebt, dass viele Angehörige mit der Krankheit „Krebs" nicht umgehen können. Ich möchte alle Betroffenen ermutigen, die Hoffnung nicht aufzugeben und Gott zu vertrauen, auch wenn wir nicht verstehen, warum er dieses Leid zulässt.

Einmal sagte ein junger Mann zu mir: „Durch Ihre Krankheit habe ich zu Jesus gefunden!" Da wurde mir bewusst: „Auch wenn es nur für diesen einen Menschen wäre, so hätte meine Krankheit einen Sinn gehabt!" Ja, wer auf Gott vertraut, wird schließlich sagen können: „Danke, mein Erlöser, von dem meine Hilfe kommt."

Du bist gewollt!

Angelica Jackson

Mit zitternden Fingern hielt ich das Kalenderblatt fest. Auf einen Schlag wurde mir durch dieses unscheinbare Stück Papier so vieles klar, denn der Kalender war von einem Krankenhaus namens „Bethel" herausgegeben worden.

Wieder hörte ich die bittere Stimme meiner Mutter, die mir eröffnete, dass sie mich nicht gewollt hatte. In allen Einzelheiten beschrieb sie mir, der damals Vierzehnjährigen, die Umstände der durch meinen Vater erzwungenen Empfängnis und die Schmerzen, die ich ihr bei der Geburt bereitet hatte. Mein Vater war Alkoholiker und schlug meine Mutter häufig. In der Tat sind die ersten Erinnerungen, die ich an meine Eltern habe, grausame Worte und Gewalt. Kein Wunder, dass meine Mutter mich nicht wollte!

Anscheinend empfand ich ihren ablehnenden Leib nicht als schützenden Hort, denn ich kam statt – wie gedacht – an Weihnachten bereits einen Monat früher zur Welt. Es war in den Nachkriegsjahren, und meine Mutter gebar mich zu Hause. Ich wog nur drei Pfund und war gemäß ihren Aussagen furchtbar hässlich – so hässlich, dass sie mich gerne weggegeben hätte.

„Die Hebammen aber gehorchten Gott ...", heißt es in 2. Mose 1,17. Hier wird berichtet, dass die Hebammen sich weigerten, den Befehl des Pharaos auszuführen und die israelitischen Jungen zu töten. Die Hebamme meiner Mutter war sicher auch von diesem Schlag, denn statt mich meinem Schicksal zu überlassen, steckte sie mich kurzentschlossen in ihre Hebammentasche, schwang sich auf ihr Fahrrad und fuhr mit mir durch Eis und Schnee etliche Kilometer weit bis zu der Anhöhe, wo sich noch heute das Krankenhaus „Bethel" befindet.

Dort wurde ich in einen Brutkasten gelegt und bestens versorgt. Weil ich trotz der guten Pflege unter anderem Lungenentzündung und Pleuritis bekam, verbrachte ich, mit kurzen Unterbrechungen, fast mein ganzes erstes Lebensjahr in der Klinik.

Nachdem ich zu meiner Familie zurückgekehrt war, schenkte mir Gott einen neuen Zufluchtsort – bei einer lieben, betagten Nachbarin, die auf der gleichen Etage wie meine Eltern ein winziges Zimmerchen bewohnte. Bei ihr wusste ich mich geliebt. Sie zog mich auf ihren Schoß und ließ mich in ihrer wunderschönen Bilderbibel blättern. Nicht nur mein seelischer Hunger wurde hier gestillt. Meistens gab sie mir auch ein Butterbrot oder ein Glas Milch. Und sie betete für mich.

Trotz der wohltuenden Zuwendung dieser Frau hatten sich tiefe Wunden in meine Seele gegraben. Selbst als erwachsene Frau fühlte ich diese Ablehnung, dieses Ungewolltsein. Ständig schien ich mich dafür entschuldigen zu wollen, dass ich am Leben war. Ich war mir sicher, dass ich für meine Mitmenschen und für Gott eine Belastung war. Außerdem zweifelte ich daran, liebenswert zu sein.

Und nun hatte mir irgendwann jemand diesen Kalender geschickt, den ich zunächst achtlos beiseite gelegt hatte. Es war, als ob mein himmlischer Vater mich auf seinen Schoß zog, so wie es damals unsere liebe, alte Nachbarin getan hatte. „Was bedeutet ‚Bethel'?", ging es mir durch den Kopf. Eigentlich wusste ich es, aber bis jetzt war mir nie bewusst gewesen, dass es auch für mich persönlich eine Bedeutung haben könnte. Plötzlich fiel es mir wie Schuppen von den Augen.

„Bethel" bedeutete „Haus Gottes". Meine Eltern hatten mich abgelehnt; aber Gott hatte die Hebamme dazu benutzt, mir das Leben zu retten. Er hatte mich in seinem Haus aufgenommen, wo ich unter seinem Schutz die ersten Monate meines Lebens verbringen durfte. Ich war gewollt – ein Wunderkind.

Gott hat inzwischen viele „kleine" und „große" Wunder in meinem Leben vollbracht. Für ihn ist nichts zu klein oder zu groß, nichts zu schwer oder zu leicht. Ich erachte es als großes Wunder, dass ich heute eine intakte Familie haben darf, obwohl mein Mann wie auch ich aus kaputten Familien kommen. ...d fünf Jahren hat Gott mich auf unerklärliche Weise von ...stkrebs geheilt. Ich dachte immer, dass solche Wunder nur anderen Menschen passieren, aber Gott tat es auch für mich. Auch heilte er mich von Bitterkeit und meinen seelischen Wunden. Im Alltag erlebe ich häufig, wie sich mein himmlischer Vater um jedes Detail meines Lebens kümmert. Inzwischen bin ich überzeugt, dass ich sein Lieblingskind bin!

Vielleicht sind auch Sie ein „ungewolltes" Kind. Dann möchte ich Ihnen diese Verheißung zurufen: „Kann eine Mutter ihren Säugling vergessen? Bringt sie es übers Herz, das Neugeborene seinem Schicksal zu überlassen? Und selbst wenn sie es vergessen würde – ich vergesse dich niemals! Unauslöschlich habe ich deinen Namen auf meine Handflächen geschrieben ..." (Jesaja 49,15).

Hässliches Entlein – starker Schwan

SOPHIE ENGLMANN

Das Ende meiner Ehe und das Flüggewerden meiner Kinder brachten mir ein großes Maß an Freiraum ein, den ich zu sozialem und christlichem Engagement nutzte. So nahm ich ein gestrandetes ausländisches Au-pair-Mädchen auf, dem es gelang, in einem Vierteljahr mein „trautes Heim" in einen Slum zu verwandeln und die äußersten Grenzen meiner Geduld auszutesten. Als sie ging, schwor ich mir: „Das passiert mir nicht noch einmal!"

Zu dieser Zeit war ich die bei weitem älteste Mitarbeiterin in einer Teestube, die gefährdeten Jugendlichen Rat und Hilfe anbot. Eines Tages kam der Leiter der Teestube auf mich zu und meinte: „Du hast doch in deinem Haus ein Zimmer frei. Hier ist jemand, der dringend ein Zuhause braucht." „Wer?", fragte ich alarmiert nach. „Finde es selbst heraus", riet er mir.

Kurz darauf kam ich mit einem jungen Mädchen ins Gespräch, das immer mit einem winzigen Baby in der Teestube auftauchte. Lea sah aus, als hätte das Leben sie schon tüchtig gezaust. Bruchstückhaft erzählte sie mir ihre Geschichte. Von ihrem zehnten Lebensjahr an war sie in Heimen aufgewachsen und immer wieder weggelaufen. Als sie fünfzehn war, lebte sie auf der Straße – ohne Schulabschluss und ohne Job. Mit sechzehn war sie schwanger, mit siebzehn eine verprügelte Ehefrau, mit achtzehn geschieden. Das Kind wurde ihr abgenommen. Nun hauste sie wieder auf der Straße, kroch irgendwo unter und wurde erneut schwanger. Nach der Geburt ihres Babys wies man sie in eine Obdachlosen-Unterkunft ein, wo sie unter Alkoholikern und Drogensüchtigen lebte.

„Ich will unbedingt da raus!", erklärte sie mir. „Aber mit dem Baby kann ich nicht wieder auf der Straße leben." Nun wusste ich, wen der Teestubenleiter mir als Hausgenossin zugedacht hatte. Auf dem Heimweg haderte ich mit Gott: „Das ist zu viel verlangt nach meiner Erfahrung mit dem Au-pair-Mädchen! Da muss sich schon jemand anders erbarmen!" Ich betrat mein stilles, gemütliches Zuhause mit der festen Absicht, es gegen solche Pläne zu verteidigen – seien sie vom Teestubenleiter oder von Gott selbst.

In dieser Nacht schlief ich schlecht, und auch in den nächsten Tagen fand ich keinen rechten inneren Frieden. Eines Nachts war ich um drei Uhr hellwach. Ich stand auf und ging ins Wohnzimmer. Dort begann ich mit Gott zu ringen, weinte und rief: „Wenn du das wirklich von mir erwartest, dann musst du es mir schon ganz unmissverständlich und deutlich sagen. Du hast mir doch einen freien Willen gegeben, und ich sage NEIN!"

Ich lag auf den Knien, den Kopf in meine Hände vergraben. Blind tastete ich auf dem Tisch neben mir nach einem Taschentuch und fegte dabei versehentlich die Bibel, die dort lag, zu Boden. Als ich mich etwas beruhigt hatte, sah ich, dass die Bibel aufgeschlagen war, und hob sie auf. Wie zufällig fiel mein tränennasser Blick auf die Stelle in Matthäus 10,40: „Wer euch aufnimmt, der nimmt mich auf; und wer mich aufnimmt, der nimmt den auf, der mich gesandt hat." In einem Satz vier Mal das Wort „aufnehmen"! Konnte es Gott noch deutlicher sagen? Ich hatte begriffen.

Lea und ihr winziger Sohn Karlchen zogen bei mir ein. Ich hatte mir das Zusammenleben schwierig vorgestellt, aber es wurde noch schwieriger! Lea war ein vom Leben tief verwundeter, zerschlagener, kaputtgemachter Mensch. So jemand wird nicht von einem Tag auf den anderen heil, vernünftig, sozial angepasst. Täglich gab es Probleme und Konflikte, und oft waren wir beide den Tränen nahe. Doch was mir half, war das sichere Wissen, dass Gott mir diese „Tochter auf Zeit" zugedacht hatte. Ich konnte nicht viel mehr für sie tun, als ihr Annahme und Geborgenheit zu geben.

Am Schwersten fiel mir, ihren Umgang mit dem Baby zu beobachten. Einmal bat ich sie, dem Kind doch mehr Zärtlichkeit zu erweisen. „Was man nicht hat, kann man nicht geben!", argumentierte sie achselzuckend.

Nach einem Jahr fanden die Leute aus der Teestube eine kleine Wohnung für Lea. Von allen Seiten wurden Möbel und Ausstattungsgegenstände zusammengetragen. Ich dachte, sie würde glücklich darüber sein, ein eigenes Nest zu haben, für das das Sozialamt die Kosten übernahm. Aber bei ihrem Auszug sagte sie: „Ich wäre viel lieber bei dir geblieben. Es war das erste Zuhause, das ich je hatte." „Du bist meine Tochter geworden", tröstete ich sie. „Erwachsene Töchter gründen ihr eigenes Heim, aber sie sind jederzeit willkommen."

Wir blieben in engem Kontakt. Ich bekam das Auf und Ab ihres Lebens mit, ihre Irrungen und Wirrungen, ihre Siege und Niederlagen, ihre Hoffnungen und Enttäuschungen. Das alte

Milieu übte eine mächtige Anziehungskraft auf sie aus, und Ratschläge wurden nicht gerne angenommen. Wie die meisten jungen Menschen musste sie ihre Erfahrungen selbst machen und daraus lernen. Aber machen Mütter mit ihren leiblichen Töchtern nicht Ähnliches durch?

Lea heiratete einen Mann, der sich als schwer drogensüchtig entpuppte. Neben ihrem Karli musste sie nun auch noch die beiden Kinder aus dieser Ehe als allein erziehende Mutter aufziehen. In dieser Zeit wurde Gott ihre Zuflucht in jeder Not.

Kürzlich besuchte ich Lea in dem Dorf, in dem sie seit Jahren wohnt. Eine hübsche, gepflegte, lächelnde Frau öffnete mir die Tür. Zwei Kinder, zwölf und vierzehn Jahre alt, kamen angestürmt. „Oma, Oma!", rief das Mädchen. „Komm schnell und schau dir die Geburtstagstorte an, die ich gebacken habe! Benny hat mit Schokolade ‚40' drauf geschrieben!" Ja, Lea feierte heute ihren vierzigsten Geburtstag. Gespannt packte sie mein Geschenkpäckchen aus und hielt gerührt einen kleinen Schwan aus Porzellan auf ihrer Handfläche. Beide kannten wir die symbolische Bedeutung: aus dem hässlichen Entlein von damals, das verachtet und herumgestoßen wurde, war ein schöner, starker Schwan geworden. Das war durch Gottes Hilfe und eine aufgeschlagene Bibel geschehen, die mich aufgefordert hatte, in einem hässlichen Entlein eine Tochter Gottes zu sehen. Ich selbst war in dieser Beziehung nicht nur die Gebende gewesen – wie es mir anfangs erschienen war –, sondern hatte eine liebevolle, dankbare „Tochter" gewonnen.

Es gibt ein Warten, das sich lohnt

SARAH KOESHALL

Es war ein schöner Tag im Februar. Meine Mutter und ich packten Koffer mit medizinischen Instrumenten voll. Über drei Jahre lang waren ganze Schränke bei uns zu Hause gefüllt gewesen mit Infusionsschläuchen und -beuteln, Nadeln, Spritzen, Medikamenten und sterilen Handschuhen. Nun suchten wir all diese medizinischen Hilfsmittel zusammen, denn wir wollten sie zu meinem Chirurgen bringen, damit er sie weitergeben konnte. Ich hatte sie geschenkt bekommen, als ich sie gebraucht hatte, und nun wollte ich sie dorthin geben, wo sie dringender benötigt wurden. Denn ich hatte keine Verwendung mehr für sie ...

Drei Jahre lang war ich über Schläuche ernährt worden; entweder intravenös in Form von Infusionen oder über Sonden. Obwohl die Ärzte auf jede erdenkliche Weise – durch Operationen und Medikamente – versuchten, mir das Essen wieder zu ermöglichen, wurde die Situation immer hoffnungsloser.

Durch meine Krankheit, eine durch Hyperganglionose verursachte Pseudo-Verstopfung, war ich in meinen täglichen Aktivitäten sehr eingeschränkt. Ich hatte oft Schmerzen und wurde im Laufe des Tages immer müder. Zu Mittag wollte ich gewöhnlich nur allein sein, weil es zu schwierig war, durch den Nebel der Müdigkeit noch Gespräche zu führen.

Es klingt zwar, als wäre das eine sehr trostlose Zeit in meinem Leben gewesen, aber das stimmt nicht. Viele Nachmittage verbrachte ich damit, aus meinem Fenster zu schauen, während das Sonnenlicht hereinfiel. Ich sprach mit Gott, hörte Musik und las. Gott war während dieser Zeit nicht stumm; er sprach zu mir persönlich oder durch andere Menschen. Viele Leute beteten fortwährend für mich. Ihre Gebete waren mein Sicherheitsnetz, sie geben mir die Gewissheit, dass Gott alles unter Kontrolle hatte.

Gott wollte, dass ich auf ihn wartete. Warten bedeutet, dass am Ende etwas passiert – sei es im Himmel oder auf der Erde. Und auf Gott zu warten hieß, dass sich etwas ereignen würde, auf das es sich zu warten lohnte.

Plötzlich, nach zwei Jahren des Wartens, begannen einige Dinge zu geschehen. Als der Chirurg bei meiner letzten Operation erneut meinen Unterleib öffnete, stellte er erschrocken fest, dass ich einen vollständigen Dickdarm hatte. Er war mit gutem Grund erschrocken, denn er selbst hatte bei der vorhergehenden Operation 80 Zentimeter davon entfernt. Doch der Schöpfer hatte ihn wieder ersetzt. Noch immer konnte ich nicht essen, mein Zustand hatte sich also nicht gebessert, aber Gott hatte mir einen vollständigen Dickdarm gegeben. Er musste also einen Plan gehabt haben, auf den es sich zu warten lohnte.

Vier Monate später befand ich mich weit weg von zu Hause unter der Obhut eines anderen Arztes. Das war sehr schwierig für mich, da ich das Vertrauen meiner Ärzte zu Hause gewonnen hatte und nun von einem anderen Spezialisten skeptisch getestet wurde. Als ich im Warteraum meine Kleider ablegte, hob ich meinen Kopf und betete: „Gott, du bist der große Arzt. Sie suchen nur nach Antworten, doch du hast sie bereits. Egal, was sie mit mir machen, wenigstens weiß ich, dass es jemanden gibt, der nicht verwirrt ist, und dass du bei mir sein wirst, egal zu welchen Ärzten ich gehe."

Wie ich erwartet hatte, bestand dieser Arzt darauf, die gleiche Testserie zu wiederholen, die die Ärzte zu Hause bereits abgeschlossen hatten. Nach einem anstrengenden Tag voller Tests saß ich in seinem Büro und wartete auf die Ergebnisse. Der Arzt lehnte sich in seinem Sessel zurück und sagte: „Sie sind völlig gesund, und ich möchte, dass sie wieder essen." Dieselben Tests, die mir damals meine Unfähigkeit zu essen attestiert hatten, bewiesen nun, dass ich wieder essen konnte! Der Versuch, wieder zu essen, war eine Aufgabe, vor der ich Angst hatte. Aber sobald ich damit angefangen hatte, griff Gott ein und führte den Heilungsprozess zu Ende. Der Schmerz, der jeden Arzt, den ich aufgesucht hatte, verwirrt hatte, war mit den ersten Bissen verschwunden. Ich musste keine Medikamente nehmen und konnte alles essen.

Es ist nun schon über sechs Jahre her, dass ich das Geschenk bekam, wieder essen zu können. In der ersten Zeit war es meine größte Freude, Menschen zu begegnen, die für mich gebetet haben. Wenn sie hörten, was Gott für mich getan hatte, kam Staunen in ihre Gesichter, und sie wussten, dass ihre Gebete erhört worden waren.

Heute führe ich ein ganz normales Leben. Inzwischen bin ich verheiratet und arbeite als Krankenschwester. Aber auch in meinem hektischen Alltag möchte ich die Zeit meiner Krankheit nicht vergessen. Ich habe erfahren, wie wertvoll das Leben ist. Und ich möchte es niemals vergessen. Denn Gott hat seine Arbeit in meinem Leben nicht damit beendet, dass er mich körperlich geheilt hat. Nein, er hat einen größeren Plan für den Rest meines Lebens.

Himmlische Vaterliebe

GHIA FALK

In meiner Jugend und lange Zeit danach sehnte ich mich nach der Zuwendung meines leiblichen Vaters. Durch den Krieg war unser Familienleben durcheinander gewirbelt worden. Niemand dachte da an die Bedürfnisse eines kleinen Mädchens! Mehr als von allen anderen wünschte ich mir von meinem Vater Liebe, Anerkennung und Wegweisung für mein Leben. Doch er war damit völlig überfordert, hatte seine eigenen Probleme und keinen Blick für die Nöte seiner Kinder. Ihm war wohl nicht bewusst, dass zum Elternsein mehr gehörte als der äußere Rahmen. Er suchte sein Glück lieber außerhalb der Familie mit anderen Frauen.

Mit einunddreißig Jahren landete ich in einer Klinik für suchtkranke Frauen am Bodensee. Dort musste ich unter Schmerzen an Leib und Seele erkennen, dass mich die Suche nach der Liebe meines Vaters in die Alkoholabhängigkeit getrieben hatte.

Heute kann ich sagen, dass ich diesen Tiefpunkt meines Lebens gebraucht habe, um mich für ein neues Leben mit Jesus Christus zu entscheiden. Während der Langzeittherapie wurde mir durch Menschen, die ihr Christsein lebten und nicht nur darüber sprachen, Mut gemacht, mein inneres Vakuum mit der Liebe Gottes füllen zu lassen. Plötzlich tat sich eine unendliche Weite vor mir auf. Wie eine Ertrinkende griff ich nach der Hand Gottes, denn ich hatte begriffen, dass er die *Liebe* ist, dass er ein *Vater* ist. Gott nahm mich an, so wie ich war, und machte mir das Angebot, meine innere Leere von ihm füllen lassen. Das war für mich die einzige Möglichkeit zu überleben.

Wer einmal in die Abgründe der Sucht – der totalen Abhängigkeit – geblickt hat, weiß, dass nur einer aus dieser Isolation führen kann – Jesus Christus. Nur bei ihm kommen wir bei unserer Suche nach Liebe, Angenommensein und Vertrauen endlich nach Hause.

Mein Vater starb, nachdem ich ihn 17 Jahre lang nicht mehr gesehen hatte (meine Eltern trennten sich nach 25 Jahren Ehe). Als ich an seinem Grab stand, schrie ich mein ganzes Leid und meine Enttäuschung heraus. Wie viel Schmerz bereitete es mir, wenn ich sah, wie Eltern ihre Kleinkinder küssten und umarmten! Mir fehlte es an solch guten Erinnerungen.

Erst zehn Jahre nach meinem Neuanfang mit Jesus Christus konnte ich meinem leiblichen Vater vergeben – so lange hatte ich meine Enttäuschung ihm gegenüber aufbewahrt. Immer wieder kam der alte Schmerz zurück, aber ich wusste, dass ich alles an Gott abgeben musste, um frei atmen zu können.

Vor einiger Zeit nahm ich dann an einem Seelsorgeseminar teil. In den Tagen der Gemeinschaft mit anderen brach in mir noch einmal der große Schmerz durch. Doch dann erreichte all das, was ich seit Jahren geglaubt hatte, mein Herz und erfüllte mich mit einer großen Freude. Endlich fand ich meinen himmlischen Vater. Dieser Vater ist voller Liebe zu mir. In all den Jahren hat er seine Hand über mich gehalten, mir aber auch Krankheit und schwere Stunden nicht erspart. Er ist für mich – sein Kind – da und wird es immer sein.

Im Gebet kann ich jederzeit zu Gott kommen – auch mit allen Alltagsdingen. Wie befreiend ist der Gedanke, ihn anrufen zu können, egal wann und wo! Welcher leibliche Vater könnte diesen Wunsch erfüllen?

So wie ich bin, darf ich sein. Wo ich aber Wegweisung und Veränderung brauche, ist Gott da. Es hat lange gedauert, bis sich mein Verlustschmerz in Freude und Dankbarkeit verwandelt hat! Aber heute weiß ich, dass mein himmlischer Vater nicht ständig etwas an mir auszusetzen hat. Ich bete darum, dass ich diese Wahrheit immer mehr mit dem Herzen annehmen und meine Empfindlichkeit ablegen kann. Denn bei ihm brauche ich mich nicht in den Mittelpunkt zu drängen. Ich habe einen festen Platz in seinen Armen.

Schwestern von Geburt an – Freundinnen aus Entscheidung

SASKIA BARTHELMESS

Als meine Schwester auf die Welt kam, war ich gerade eineinhalb Jahre alt. Nachdem mein Vater sie und meine Mutter aus dem Krankenhaus nach Hause geholt hatte, stand ich neugierig an ihrem Bettchen und schaute auf das kleine

Bündel Mensch, das von jetzt an zu unserer Familie gehören sollte.

Schon nach kurzer Zeit machte mein Schwesterchen Anita deutlich, dass *sie* nun den Ton bei uns angeben würde. Ganz im Gegensatz zu mir, die ich – laut den Erzählungen meiner Mutter – immer ein braves Baby gewesen war, spuckte Anita regelmäßig die Milch wieder aus und brüllte zu jeder Tages- und Nachtzeit. Kaum dass sie stehen konnte, kletterte sie aus ihrem Gitterbett und brach sich das Schlüsselbein.

So verschieden, wie wir uns schon im Kleinkindalter verhalten hatten, so unterschiedlich entwickelten wir uns weiter. Anita war ein Temperamentsbündel, das alle zum Lachen brachte und immer zu Späßen aufgelegt war. „Ich habe den richtigen Beruf für dich gefunden", neckte mein Vater sie oft, „du gehst zum Zirkus und wirst Clown!" Ich dagegen war am glücklichsten, wenn ich meine Ruhe hatte und von niemandem gestört wurde – am allerwenigsten von meiner kleinen Schwester.

Natürlich blieb es nicht aus, dass wir ständig aneinander gerieten. Hatten wir Streit, dann zog meine Schwester mich an meinen langen blonden Haaren und riss sie mir büschelweise aus. Meine Taktik war subtiler. Leise schlich ich mich ins Kinderzimmer, zog ihr liebstes Kuscheltier – eine weiße Maus – unter der Bettdecke hervor und schnitt ihr den Schwanz ab. Wenn Anita entdeckte, was ich ihrem Liebling angetan hatte, war das Geheule groß. Wie ich mich erinnern kann, hat diese Maus im Laufe ihres Kuscheltierlebens mehr als zehn verschiedene Schwänze gehabt, von meiner Mutter immer wieder geduldig angenäht!

Auch in unseren Teenagerjahren trafen sich meine und Anitas Welt kaum. Ich verbrachte meine Zeit damit, zu lesen oder stundenlang mit Freundinnen zu telefonieren. Anita war lieber unterwegs und lernte neue Leute kennen. Obwohl ich froh war, nicht als Einzelkind aufzuwachsen, schien es uns doch nie zu gelingen, ein Band zueinander zu knüpfen. Die meiste Zeit umkreisten wir uns, ohne uns zu verletzten, aber auch ohne einander einen tiefen Blick in unsere Seelen zu gestatten.

Wann es genau geschah, kann ich heute nicht mehr sagen. Aber ein entscheidender Wendepunkt war sicherlich, als wir beide innerhalb kurzer Zeit zu Gott fanden und unser Leben eine neue Richtung nahm. Plötzlich gab es da etwas, an dem wir uns beide ausrichten konnten und das größer war als alle unsere Unterschiede. Statt uns an der anderen aufzureiben, beteten wir füreinander und miteinander.

Wenn ich heute auf unsere Beziehung schaue, kann ich nur staunen, welches Wunder Gott getan hat. Aus Unverständnis und Machtkampf sind Liebe und Annahme geworden. Heute vergeht keine Woche, in der wir nicht mindestens zweimal telefonieren, um zu hören, wie es der anderen geht. Wir nehmen Anteil aneinander und haben inzwischen gelernt, uns über die Stärken der anderen zu freuen und ihre Schwächen zu akzeptieren.

Natürlich kommt es immer noch vor, dass wir uns in die Haare kriegen – auch wenn unsere Streitereien nicht mehr ganz so gewalttätig ablaufen wie früher! Doch spätestens nach ein paar Tagen findet eine von uns den Mut, um Entschuldigung zu bitten und die Beziehung zu klären. Ein Leben ohne die andere können wir uns beide beim besten Willen nicht mehr vorstellen.

Zu Weihnachten habe ich meiner „kleinen Schwester" eine Karte geschenkt, auf der steht: „Schwestern von Geburt an – Freundinnen aus Entscheidung." Ja, ich bin Gott dankbar für diese besondere Freundin, die er in mein Leben gestellt hat. Er hat das geschafft, was uns die ganzen Jahre nicht gelingen wollte – ein starkes Band zwischen unseren Herzen zu knüpfen.

Manchmal, wenn wir uns nun nebeneinander kuscheln, flüstere ich leise: „Weißt du noch, was wir uns damals alles angetan haben?" Und dann lachen wir über all die abgeschnittenen Mäuseschwänze ...

Schmerz, lass nach!

INGRID HEINZELMAIER

Am 2. Dezember 2000 fing es an. Erst dachte ich, dass meine Kopfschmerzen von einer heftigen Grippe herrührten. Aber der Schmerz ging nicht weg – auch als keine Spur von Grippe mehr da war. In den ersten drei Monaten des Jahres 2001 musste ich mich acht Mal krankschreiben lassen. Oft konnte ich vor Schmerzen kaum in den PC-Monitor sehen. Nachdem ich intensiv um Heilung gebetet hatte, suchte ich mehrere Monate lang verschiedene Spezialisten auf. Kräfteraubende Wartezeiten trotz frühmorgendlicher Termine, aufwändige Untersuchungen – und trotzdem hörte ich am Ende jedes Mal den „Mut machenden" Satz: „Es tut mir Leid, aber ich kann Ihnen nicht helfen!"

Ich will ehrlich sein: Diese ganze Situation zog mich auch seelisch herunter. Sie hat mein Vertrauen auf Gott strapaziert, sehr strapaziert. Obwohl ich nicht ganz unerfahren im Umgang mit Schmerzen war, hat mich die Krankheit in neue Erfahrungen und Dimensionen hineingeführt. Ich habe gezweifelt, ob ich meine Arbeitsfähigkeit wiedergewinne. Und ich kam mir von Gott verlassen vor.

Drei Jahre zuvor hatte ich eine besondere Heilungserfahrung erlebt, die auch mein Arzt bestätigen konnte. Bis heute ist der Schmerz am Ischiasnerv nicht wiedergekehrt. Damals erkannte ich das als einen ganz starken Liebesbeweis von Gott. Auch jetzt hatte ich nicht vergessen: Mein Gott ist ein großer Gott! Ich wusste, dass Zeichen und Wunder nicht nur in die Zeit der Apostelgeschichte gehörten. „Aber warum greift Gott nicht wieder ein, wo ich es doch so dringend brauche?", fragte ich mich. „Warum nimmt er mir nicht diesen Schmerz, der mir die Konzentration und den Schlaf raubt?" Über die Länge der Zeit überfielen mich auch ganz dunkle Gedanken. Ich sehnte mich nach einem Ende des Schmerzes – fast um jeden Preis.

Der 1. Mai 2001 war einer der ersten warmen Frühlingstage. Die Wärme tat mir gut. Ich fühlte mich stark genug, um eine halbe Stunde über die Autobahn zum Freundestag in der Kommunität Gnadenthal bei Limburg zu fahren. Gerne bin ich an diesem Ort mit seiner heilenden Atmosphäre. Beim Abschlussgottesdienst kam die Einladung zum persönlichen Segnungsgebet. Sofort wusste ich: „Jetzt bin ich dran!" Ganz neu warf ich mich in Jesu Arme, vertraute ihm mein ganzes körperliches Elend an und ließ mir seine heilende Kraft zusprechen. Dann bekam ich eine Karte mit folgendem Zuspruch in die Hand gedrückt: „Ich habe dich einen kleinen Augenblick verlassen, aber mit großer Barmherzigkeit will ich dich sammeln" (Jesaja 54,7). Unmittelbar nach dem Gebet veränderte sich nichts. Und beim nächsten Wetterumschwung tauchte der alte Schmerz in neuer Intensität wieder auf. Doch die Karte behielt ich trotzdem.

Vier Wochen später: In der Nacht vom 27. zum 28. Mai kamen zu den Kopfschmerzen dröhnende Zahnschmerzen hinzu. In dieser Zeit führte ich ein Schmerztagebuch, um meinem Neurologen auf die Spur zu helfen. Nun lag ich wach und suchte nach Formulierungen für diesen neuen Schmerz. Dabei geriet ich in tiefe Rebellion gegen Gott. Er wusste doch, wie es mir all die Monate ergangen war. Jetzt war es einfach zu viel! Diesen Schmerz konnte ich nicht auch noch gebrauchen. Es war die Nacht vor einer Arbeitswoche, die ich unbedingt durchhalten wollte. Mit jeder neuen Schmerzwahrnehmung geriet ich in eine neue Revolte.

Dann geschah etwas, was sich schwer beschreiben lässt. Wie soll ich Worte finden, die deutlich machen, was für mich ganz neu, einmalig war? Ich spürte eine Einladung, mich Jesus – samt meinen Schmerzen – neu anzuvertrauen, mich ihm hinzugeben. Dann wurde ich innerlich ganz ruhig, obwohl der Schmerz weiter raste. Es kam mir vor, als hätte Gott unter dem tobenden Boot, in dem ich trieb, ein Netz ausgebreitet, damit ich nicht in den Abgrund stürzte. Auf einmal war es, als ob jemand akustisch hörbar zu mir gesagt hätte: „Die Zähne müssen raus." Ich erinnerte mich später genau: Es war von zwei Zähnen die Rede, obwohl ich nur an einer Stelle heftige Schmerzen hatte.

Am nächsten Tag war ich zur Behandlung bei einer Zahnärztin, die meine Geschichte bereits kannte. Nach der Untersuchung erklärte sie mir, dass am Röntgenbild nichts zu sehen wäre. Ich sollte Geduld haben, mehr Schmerztabletten nehmen und mich wegen einer durchwachten Nacht nicht aufregen.

Die Suche ging also weiter. Am folgenden Tag hatte ich eine sehr spezielle Gehirnuntersuchung. Das erfreuliche Ergebnis: Es gab keinerlei Hinweis auf etwas, das in meinem Kopf wuchs und Ursache für diese Schmerzen sein konnte. Aber an diesem Abend hatte ich wieder „die Kralle fest um den Kopf". Ich wusste nicht mehr ein noch aus. Da beschloss ich, meiner Zahnärztin zu sagen: „Ich gehe nicht eher weg, bis Sie mir diesen Zahn ziehen. Und zwar auf mein eigenes Risiko."

Am 30. Mai wurde mir der rechte untere Eckzahn gezogen. Ich war noch unter Betäubung, als ich nach einigen Minuten spürte, wie der Schmerz im Ohr und auf der Stirn nachließ. In der Zwischenzeit hatte die Zahnärztin den Zahn untersucht. Sie fand an ihm eine zweite, unbehandelte Wurzel. Dieser Zahn war also seit Jahren bakteriell verseucht, obwohl er immer behandelt worden war. Das war eine durchaus plausible Erklärung für meine Schmerzen.

Diese Erfahrung war ein Durchbruch, aber nicht das Ende der Geschichte. Noch immer leide ich unter einer Neuralgie, einer Nervenentzündung, die mir dieser infizierte Zahn eingebrockt hat. Bis heute bin ich so druckempfindlich an dieser Stelle, dass ich keinen Zahnersatz vertrage. Aber inzwischen habe ich mich an die Lücke gewöhnt. Kauen kann ich noch ganz gut. Und außerdem arbeite ich ja beim Radio und nicht beim Fernsehen! In der Zwischenzeit habe ich auch den zweiten wurzelbehandelten Zahn ziehen lassen, den ich besaß. Schließlich hatte die Stimme in jener Nacht von zwei Zähnen gesprochen, die raus mussten. Wie sich herausstellte, kam der Schmerz, der später auftrat, von einer Entzündung im Kieferknochen, die dieser Zahn verursacht hatte.

Das folgende Jahr meiner persönlichen Kopfschmerzstory verlief dann ganz anders als das vorherige: In der Anfangszeit hatte ich mich über jeden Moment gefreut, in dem der Schmerz nachgelassen hatte. Heute spüre ich, wenn er kommt – und wie er wieder geht. Ich bin zwar noch nicht ganz gesund, aber ich habe wieder Boden unter den Füßen. Im Jahr 2002 musste mich nicht ein einziges Mal wegen meiner Kopfschmerzen krankschreiben lassen.

„Ich habe dich einen kleinen Augenblick verlassen, aber mit großer Barmherzigkeit will ich dich sammeln" – ich weiß, das war Gottes Wort für mich in meiner Situation. Die Spruchkarte mit dem Vers aus Jesaja steht übrigens vor meiner aufgeschlagenen Bibel auf dem Schreibtisch.

Mit 16 trank ich meinen ersten Likör – und dann den zweiten ...

LILO KRAMER

Mit dem festen Vorsatz, nie mehr zu trinken, war ich aus dem Haus gegangen. Hinter mir lagen Tage des Grauens. Ich war so kaputt: die Speiseröhre, die Leber, alle Organe waren durchtränkt von Alkohol, Nikotin und Tabletten.

Immer wieder sagte ich mir: „Du musst es schaffen, du gehst sonst vor die Hunde!" Doch als ich die Einkäufe erledigte, schmolzen alle guten Vorsätze dahin. Eine unbändige Gier trieb mich zu den Regalen mit den alkoholischen Getränken. Der Verstand sagte nein, doch eine mächtige innere Stimme drängte: „Nur dies eine Mal noch, und dann hörst du auf!" Ich packte die Flaschen in den Einkaufswagen, während die Schuldgefühle in mir hochstiegen. Wie Hammerschläge pochte mein Herz.

Ich tat alles, um das Trinken zu verheimlichen: schnell Zähne putzen, mit Mundwasser spülen, Pfefferminz lutschen, Parfüm ansprühen und noch eine Zigarette. Mein Mann und unsere damals 12-jährige Tochter durften nichts merken!

Wie ein gehetztes und verwundetes Tier kam ich mir vor. Die Flaschen musste ich gut verstecken, denn mein Mann hatte schon alle möglichen Plätze aufgestöbert und dann den Alkohol aus meiner Reichweite geschafft. Unzählige Male hatte ich ihn angefleht – um nur einen einzigen Schluck. Aber er blieb jedes Mal hart, und das empfand ich als unbeschreiblich grausam. Mal mit sanften, mal mit groben Worten beteuerte er mir, dass er es nur gut mit mir meine. Unsere Tochter hasste mich inzwischen regelrecht wegen meiner leeren Versprechungen.

Ich fühlte mich wie der letzte Dreck. Zentnerschwer lasteten Depressionen auf meinem Gemüt. Einmal wollte ich meinem Leben ein Ende machen. Doch das Messer war nicht scharf genug, sodass mein Vorhaben glücklicherweise misslang. Sooft ich mir auch vornahm, eine Entziehungskur zu machen – es blieb bei diesem guten Vorsatz. Körperlich und seelisch ging es immer weiter bergab.

Einen Einschnitt brachte schließlich eine christliche Veranstaltung, zu der mich eine Tante eingeladen hatte. In meiner Verzweiflung dachte ich, das müsste die Alternative zur Entziehungskur sein. Gott musste mir doch helfen, er ist ja der „liebe Gott"! Als ich noch ein Kind war, hatte ich Jesus Christus mein Leben übergeben. Eine Zeitlang hatte ich mit ihm gelebt, aber dann hatten andere Interessen mich gefangen genommen. Oft erinnerte ich mich daran, wie ich mit 16 den ersten Likör getrunken hatte und dann den zweiten ...

Ich besuchte also die Veranstaltung, konnte aber der Predigt überhaupt nicht folgen. Im seelsorgerlichen Gespräch danach prägte sich mir jedoch ein Satz ein: „Könnten Sie sich denn vorstellen, dass Jesus Sie davon freimachen kann?" Mein Gesprächspartner betete kurz mit mir, dann drückte er mir einen Zettel in die Hand, auf dem der Bibelvers stand: „Wenn euch nun der Sohn frei macht, so seid ihr recht frei" (Johannes 8,36).

Nachts lag ich im Bett und betete immer wieder diesen einen Satz: „Herr Jesus, komm du doch in mein Herz und in mein Leben." Aber obwohl das Licht brannte, war es so dunkel im Zimmer. Überall sah ich Fratzen, hörte Stimmen. Von Jesus spürte ich nichts. In mir breitete sich panische Angst aus: Es ist zu spät, du bist so schlecht, jetzt kannst du nicht mehr zu Gott kommen! Aber ich hörte nicht auf, zu Jesus zu rufen, und gewann dabei den Eindruck, dass er doch irgendwo in einem kleinen Winkel, einer Ecke dieses Zimmers war.

In jener Nacht erlebte ich den Kampf zwischen Licht und Finsternis. So real, wie Gott existiert, so real gibt es auch den Teufel. Diesen Kampf spürte ich auch als körperlichen Schmerz. Mir war, als wenn an mehreren Stellen meines Körpers gleichzeitig gezerrt würde. Immer wieder rief ich nach Jesus. Vor Angst und Schmerzen konnte ich fast nichts mehr fühlen, doch Gott hat mich erhört. Am nächsten Morgen erwachte ich mit einem Funken Hoffnung und einem Funken Freude.

In der folgenden Zeit gab ich das Rauchen auf und trank keinen Alkohol mehr. Gelegentlich las ich in der Bibel und hörte geistliche Musik. Doch das „Licht vom Himmel", das ich so sehr ersehnte, drang nicht zu mir durch. Ich hatte nochmals ein Gespräch mit dem Seelsorger und erzählte ihm stolz, wie lange ich schon nicht mehr rauchte. Eigentlich wollte ich für „meine vollbrachte Tat" gelobt werden. Doch er entgegnete mir mit einer entscheidenden Frage: „Haben Sie Jesus schon einmal Danke gesagt für das, was er in Ihrem Leben bisher getan hat?"

Das war mir nie in den Sinn gekommen. Ich hatte immer gedacht, ich habe es geschafft, ich habe es wieder einen Tag länger ausgehalten. Ich hatte mir selbst auf die Schulter geklopft und gedacht, dass Gott doch große Stücke auf mich halten müsse!

Der Seelsorger betete dann wieder kurz mit mir. Und ich sagte mein Amen dazu. Heute weiß ich, dass dieses erste Dankgebet für mich die entscheidende Wende war. In jenem Moment spürte ich erneut einen kleinen Hauch von Freude. In den zehn Jahren meiner „Suchtkarriere" war jede Freude erstickt worden. Ich konnte überhaupt nicht mehr lachen, und was noch schlimmer war, ich konnte überhaupt nicht mehr weinen.

Jetzt begann ich, meine Empfindungen aufzuschreiben. Und während des Schreibens merkte ich, dass ich plötzlich im Licht Gottes stand. Armselig sah ich mich vor Gott stehen, bedeckt von dem großen Berg von Sünden, den ich in meinem Leben angehäuft hatte. Ich erschrak, als ich mich so erbärmlich und entblößt dastehen sah. Es war ein heiliges Erschrecken: Heftig fing ich an, über meine Schlechtigkeit zu weinen.

Im nächsten Moment sah ich innerlich, wie Jesus am Kreuz von Golgatha hing. Mir wurde gewiss, dass er für meine Schuld sein Leben geopfert hatte, dass er für mich persönlich gestorben war. Zum allerersten Mal erkannte ich meine Sünden. Bisher hatte ich nur darauf gewartet, dass Gott mich von der Sucht befreite, an jenem Morgen wurde mir bewusst, wie sehr ich die Vergebung brauchte.

Ich schrieb weiter, und Gott zeigte mir ein wunderbares inneres Bild: Auf dem Küchentisch vor mir sah ich ein dickes Buch liegen. Wie vom Windhauch blätterten die einzelnen Seiten auf. Sie waren pechschwarz, doch als sie umschlugen, waren sie schneeweiß. In der Bibel heißt es in Jesaja 1,18: „Wenn eure Sünde auch blutrot ist, soll sie doch schneeweiß werden."

Ich erlebte in diesem Moment eine tiefe Freude und einen tiefen Frieden, mein Tränenstrom riss nicht ab. Mit einem Mal war ich frei von einer großen, niederdrückenden Last. Es war, als hätte ich einen Rucksack mit unnötigem Ballast abgeworfen. Ich konnte wieder durchatmen, konnte mich freuen, konnte wieder weinen. Mich durchströmte die Gewissheit, ein Kind Gottes zu sein, und die Gewissheit, dass alles sich zum Guten wenden würde. Aus meinen Tränen der Verzweiflung wurden Freudentränen. Für mich war das der lange ersehnte Durchbruch, das Wunder, nach dem ich verlangt hatte. Von da an ging es aufwärts, von da an war ich nicht nur trocken, sondern wirklich frei.

Dieses Erlebnis liegt nun 25 Jahre zurück. Doch der Vers aus dem Johannesevangelium – „Wenn euch nun der Sohn frei macht, so seid ihr recht frei" – trägt mich weiter durch mein Leben.

Vom Trauma befreit

SIGRID ARNOLD-LEVEY

Seit knapp einem Jahr leben Martin und Rita nun schon in Deutschland. Als wir uns kennen lernen, erzählen sie, wie Gott sie hierher geführt hat. Über einen längeren Zeitraum hinweg hatten sie im Gebet zunächst den Eindruck gewonnen, dass sie ihr Heimatland verlassen sollten. Erst später erkannten sie, dass der Weg sie nach Deutschland führte. Eines Tages, als Martin im Internet surfte und ein Stellenangebot aus Deutschland fand, das seinen Fachkenntnissen entsprach, geschah etwas Merkwürdiges. „Es war, als hörte ich eine Stimme sagen: ‚Das ist das Land, in dem du mit deiner Familie wohnen wirst!'", erinnert er sich.

Martin bewarb sich um die Stelle und wurde zum Vorstellungsgespräch eingeladen. Doch die Reisekosten des interkontinentalen Fluges betrugen mehrere Tausend Euro und wurden nicht erstattet. „Gerade zu diesem Zeitpunkt wurde eine unserer Versicherungspolicen fällig", erzählt Rita. „Sie erlaubte uns, den teuren Flug zu bezahlen. Auch das Flugticket für das zweite Vorstellungsgespräch finanzierten wir aus unseren Ersparnissen – im Vertrauen, dass Gott uns führte." Wenige Wochen später lag der Dienstvertrag im Briefkasten.

Martin und Rita war klar, dass sich die Ausreise von Rita und den beiden Söhnen um einige Wochen verzögern würde. Ihr jüngster Sohn war mit einer fehlenden Herzklappe geboren worden und sollte nun in einer Operation, der viele andere vorausgegangen waren, eine größere Herzklappe bekommen. Dieser Eingriff könnte dem Dreijährigen bis zu seinem zwanzigsten Lebensjahr weitere Operationen ersparen.

Drei aufreibende Jahre lagen hinter Martin und Rita. „Monatelange Klinikaufenthalte waren normal. Das frühe Vokabular unseres Sohnes bestand hauptsächlich aus medizinischen Begriffen wie ‚Spritze', ‚Doktor', ‚Schwester' und ‚Tabletten', statt ‚Auto', ‚Ball', ‚Hund' oder ‚Sandkasten'", erzählt Rita. „Doch trotz seiner körperlichen Schwäche strahlte er eine solche Freude und Liebe aus, dass sich unser Familienleben vollkommen veränderte." Nun sollte ihr Sohn die Chance erhalten, normal aufzuwachsen. Die Eltern freuten sich auf ihr neues Leben in Deutschland und wussten, dass der Junge dort medizinisch gut versorgt sein würde.

Nachdem alle Voruntersuchungen zufriedenstellende Ergebnisse gezeigt hatten, wurde die acht- bis neunstündige Operation angesetzt. Rita verbrachte diese Stunden im Warteraum der Klinik. Immer wieder kamen Freunde und Verwandte vorbei, kümmerten sich um sie, beteten mit ihr. Ständig behielt Rita die Tür des Warteraums im Auge, denn durch sie kamen in regelmäßigen Abständen Schwestern oder Ärzte, um sie über den Verlauf der Operation zu unterrichten. Überglücklich teilte Rita Martin am Ende des langen Tages telefonisch mit, dass der Eingriff erfolgreich verlaufen war.

Doch Stunden später traten unerwartete Komplikationen ein. Ein Stab von Ärzten begann den verzweifelten Kampf um das Leben des Jungen. Rita kehrte in den Warteraum der Klinik zurück und verlebte dort traumatische Stunden – unfähig, ihren Blick von der Tür zu lösen, durch die die Ärzte mit Berichten über den immer kritischeren Zustand ihres Sohnes kamen. Sobald sie den Raum betraten, versuchte Rita angsterfüllt, an ihrem Gesichtsausdruck abzulesen, welche Nachricht sie für sie hatten.

Am Abend des zweiten Tages verloren die Ärzte schließlich den Kampf um das Leben des Kindes.

Sieben Monate später schildert mir Rita die Schreckensbotschaften, die ihr im Warteraum der Klinik bis zum Tod ihres Sohnes überbracht wurden und die sie seitdem Nacht für Nacht im Traum neu durchlebt.

Wir sprechen darüber, dass Gott sie von dem Trauma jener Tage befreien kann. Dann breiten wir im Gebet eine Erinnerung nach der anderen vor Gott aus und bitten ihn, Rita von deren Macht zu befreien. Stille breitet sich aus, und Rita wird zunehmend ruhiger.

Und auf einmal bekommt Rita die Kraft, sich von ihrem kleinen Jungen zu lösen. Mit bewegenden Worten gibt sie ihn zurück in die Obhut Gottes. An jenem Abend schläft sie erschöpft ein. Noch einmal scheinen die traumatischen Erinnerungen nach ihr greifen zu wollen, doch der Traum ist kraftlos und verblasst schnell. Am folgenden Morgen erwacht sie erfrischt und voller Energie.

Als ich Rita einige Wochen später begegne, leuchten ihr Augen. Sie wirkt gelöst und ist voll von neuem Lebensmut. „Gott hat das Trauma jener schrecklichen Tage von mir genommen", sagt sie leise. „Es ist ein Wunder geschehen!"

Die Rose von Jericho

KATRIN LEDERMANN

Wie ein wundersam feiner Scherenschnitt in Schwarz hoben sich die Äste der großen Eiche vom blassblauen Morgenhimmel ab. Die Sonne kündete sich in zartem Rosa hinter der Baumkrone an. Kalt und klar schlich sich ein neuer Dezembertag in den Lebenslauf der Menschen.

Ich sog den Duft aus der Bäckerei ein, während ich – durch die Kälte angetrieben – mit eiligen Schritten am nächsten Laden, einer Blumenboutique, vorbeigehen wollte. Doch dann hielt mich das Wort „Wunder" fest, das auf einem Schild mit goldener Kette von der Schaufensterdecke herunterbaumelte. Mitten in der Adventszeit sind unsere Herzen ja besonders offen für kleine und große Wunder – also schaute ich genau hin. „Das kleine Naturwunder" lag als braunes Knäuel in einer Schale. Ich kaufte es.

Doch wenn ich jetzt weitererzähle, nehme ich vorweg, was das eigentliche Wunder dieses Tages werden sollte. Begleiten Sie mich zwei Wochen zurück, in die letzten Novembertage jenes Jahres. Während ich Ihnen ausmale, was damals geschah, legen wir das unscheinbare braune Knäuel in eine Schale mit Wasser ...

Auf dem Korridor der medizinischen Abteilung des Kreiskrankenhauses waren eilige Schritte zu hören. Draußen herrschte Hektik – hier im Sprechzimmer des Gynäkologen eine fast bedrückende Ruhe. Ich wartete auf meine Diagnose. Im Sommer war ich siebenunddreißig geworden; mit vierunddreißig hatte ich zum letzten Mal meine Periode gehabt. Der Chefarzt betrat das Sprechzimmer. „Es tut mir Leid, aber ich muss Ihnen mitteilen, dass wir sehr langwierige Untersuchungen machen müssten, um herauszufinden, warum Ihr Gewebe nicht mehr blutet", erklärte er mir. „Auf jeden Fall wäre ein kleiner operativer Eingriff notwendig. Und auch dann ist die Chance recht gering, dass es wieder zu einer Monatsblutung kommt. Es scheint zumindest unwahrscheinlich."

Schon während ich im Gewusel aus Krankenschwestern, Ärzten und Patienten auf den Ausgang des Krankenhauses zuging, betete ich und war seltsam getrost. Gott sprach nicht in formulierten Worten zu mir, aber was ich als sein Reden empfand, gab mir eine fast übermütige Hoffnung. Mein Körper müsse einen komplizierten hormonellen Prozess durchlaufen, um wieder eine Monatsblutung in Gang zu bringen. Ich solle nur Geduld haben.

Zurück zu jenem prächtigen Wintermorgen zwei Wochen später. Ich betrat mein Büro und sah die Post durch. Ein Magazin von einer Versicherungsgesellschaft zog meine Aufmerksamkeit auf sich. So ein Zufall: Darin befand sich ein ausführlicher Text über mein braunes Knäuel, das ich soeben gekauft hatte, und von dessen Existenz ich bis dahin nichts wusste. Ich las: „Rose von Jericho' oder ‚Auferstehungspflanze' werden verschiedene Pflanzen des östlichen Mittelmeergebietes genannt, die beim Vertrocknen ihre Äste kugelförmig nach innen biegen, vom Wind entwurzelt und dann manchmal jahrelang in der Wüste herumgerollt werden, bis sie Wasser finden. Kommen sie mit Wasser oder Feuchtigkeit in Berührung, öffnen sie sich wieder. Eine Legende sagt, dass der Name dieser Pflanze daher rühre, weil sie Josua bei der Eroberung der von Rosen umgebenen Stadt Jericho geholfen haben soll ..."

Stunden später, auf dem Heimweg, begann Gott leise zu meinem Herzen zu reden, wie ich das von besonders wertvollen Stunden her kannte. Er bedeutete mir, dass ich – wie das braune Knäuel in meiner Tasche – selbst ja auch mehrere Jahre entwurzelt und zusammengerollt durch die Wüste, die innere Einsamkeit und Gottsuche, gerollt war, vom Wind getrieben wie ein loses Blatt.

Ja, das stimmte. Was für ein gutes Bild für die Zeit, in der ich – in okkulte Praktiken verstrickt – abgemagert und hoffnungslos dahingetrieben war! Nachdem ich mich enttäuscht von meiner esoterischen Laufbahn abgewendet hatte, wurde ich krank, und von einem Monat auf den anderen blieb meine Periode aus.

Doch dann – vor einigen Monaten, im Sommer dieses Jahres, in das sich nun der Winter geschlichen hatte, stieß ich auf Wasser! Auf Lebenswasser! Ich lernte Jesus Christus als meinen Herrn kennen. Als ich dieses lebendige Wasser zu trinken begann, öffnete sich meine Seele spontan dem Leben und meine Zweige grünten wieder. Meine Fähigkeiten und Talente erwachten zu neuer Triebkraft – mein Inneres wurde wieder gesund.

Noch während ich mit großer Dankbarkeit darüber nachdachte, legte ich meine „Rose von Jericho" als braunes Knäuel in eine Wasserschale. Schon eine Stunde später begann sie sichtlich zu grünen. Wirklich, ein kleines Wunder der Natur!

Doch das eigentliche Wunder dieses Tages erlebte ich, als ich gegen Abend eine Art Bauchweh wahrnahm, das mir aus früheren Jahren wohlbekannt war. War es möglich? Ja, ich bekam an diesem Abend meine Periode wieder! Wie freute ich mich, dass Gott mir meine ganzen weiblichen Funktionen wiedergegeben hatte!

Seit diesem Abend sind zwanzig Jahre vergangen. Gern und mit großer Dankbarkeit denke ich an jene ersten Zeiten meines Glaubenslebens zurück. Gott hat mich damals mit kleinen und größeren Wundern verwöhnt, als ob er sich besonders darüber freut, dass ich seinen Sohn Jesus Christus als Herrn gefunden hatte. Dieser Wintertag mit dem Reden Gottes und seinem Eingreifen im medizinischen Bereich ist mir eine kostbare Glaubenshilfe, wenn es gilt, anderen Frauen und mir selbst immer wieder zu zeigen, dass Gott nicht etwa die Adams-Söhne vorzieht und ihnen die „bessere Stellung" gegeben hat. Nein, Gott hat eine große Liebe zu uns Frauen, kennt uns bis in die weiblichsten Funktionen hinein und steht mit großer Zuneigung und tiefem Verstehen zu uns. Antworten wir ihm doch darauf, indem wir unsere Identität als Frau leben!

Mein todkrankes Kind wird wieder gesund

DAGMAR STEHN

Als unsere zweite Tochter Cristina im September 1990 zur Welt kam, stellten die Ärzte am Tag nach ihrer Geburt fest, dass ihr Darm nicht funktionierte. Noch am selben

Tag wurde Christina operiert. Die Ärzte entfernten ihr zwei Darmabschnitte, die verhärtet und verschlossen waren. Obwohl diese Tage sehr schwer für uns waren, führte uns Jesus in wunderbarer Weise durch die Stunden der Angst und des Bangens hindurch.

Schon nach zwei Wochen konnten wir Cristina nach Hause holen, wo sie glücklich von ihrer zweijährigen Schwester Priscilla empfangen wurde. Der Alptraum schien ein Ende zu haben! Cristinas erste Lebensmonate flogen im Nu vorbei, und im September feierten wir ihren ersten Geburtstag. Doch wenige Wochen später bekam Cristina Schnupfen und übergab sich mehrere Male. Da sich ihr Zustand nicht besserte, brachten wir sie ins Kinderkrankenhaus. Dort wurde nach dem Röntgen wieder ein Darmverschluss festgestellt. Uns traf diese Nachricht wie ein Schlag aus heiterem Himmel.

Zuerst versuchten die Ärzte, eine erneute Operation zu umgehen, und schlossen Cristina an verschiedene Infusionen an. Das Leid und die Angst, die ich empfand, sind nicht in Worte zu fassen. „Jesus, warum wieder diese Situation?", betete ich. Ich sah Cristina ständig an und dachte: „Was ist, wenn sie eine Krankheit hat, bei der sie jedes Jahr operiert werden muss, oder wenn sie stirbt?" Ich verbarg mein Gesicht im Kissen, weinte und schrie zu Gott. Die Nacht schien endlos zu sein.

Auf einmal hörte ich Gott zu meinem Herzen reden: „Dagmar, bist du bereit, mir Cristina zu geben?" Ich konnte es nicht fassen, weinte sehr und sagte: „Jesus, ich liebe sie von ganzem Herzen. Es wäre so schwer, sie nicht mehr bei mir zu haben. Doch was auch geschehen mag, deinen Namen werde ich immer loben. Aber bitte lass sie nicht leiden. Wenn du sie nehmen willst, nimm sie sofort."

Immer wieder sagte ich unter Tränen: „O Gott, lass sie nicht leiden." Und dann war mir, als ob Gott antwortete: „Verstehst du jetzt, welches Leid ich ausgestanden habe, als mein Sohn, unschuldig wie er war, in dieser Welt gelitten hat – zur Erlösung der Menschheit?" „Das war mir nie bewusst", gestand ich nun ein. „Du als himmlischer Vater hast sehr gelitten, als dein Sohn auf dieser Welt verspottet wurde und am Kreuz hing. Du hast ihn aus reiner Liebe zu uns hingegeben. O Gott, wie groß ist dieses Werk!" Ich war noch ganz von diesen Gedanken eingenommen, als der Chirurg ins Zimmer kam, um mir mitzuteilen, dass er Cristina operieren müsse. Ohne Worte ließ ich es geschehen.

Seither sind mehrere Jahre vergangen. Diese Nacht war wohl die bedeutendste meines Lebens. Gott hat uns Cristina nicht genommen. Der zweite Darmverschluss war nur durch innere Verwachsungen an der Narbe hervorgerufen worden. Ich weiß nicht, warum Gott diese gesundheitlichen Komplikationen zugelassen hat. Doch eines weiß ich: Jesus Christus hat am Kreuz für uns gelitten. Und wie sehr hat auch unser himmlischer Vater gelitten – weil er uns liebt!

Mit Rheuma zum Krippenspiel

HANNELORE RISCH

Es ist kurz vor Weihnachten. Vor mir liegt ein riesiger Berg Arbeit. Wie soll ich nur alles schaffen: das Krippenspiel einüben, die vielen Vorbereitungen fürs Fest treffen ... Plötzlich spüre ich in beiden Knien rheumatische Schmerzen. Zu meinem Entsetzen werden sie immer stärker und ziehen bis in die Waden hinunter. „Oh, weh! Auch das noch!", denke ich. „Ich habe doch keine Zeit, mich stundenlang in eine überfüllte Arztpraxis zu setzen!"

Was tun? In meiner Hausapotheke finde ich eine Rheumasalbe, die ich zuerst in beide Knie einmassiere und dann – in meiner

Verzweiflung – messerrückendick auf die Haut streiche und mit Mikrowellenfolie abdecke. Anschließend schicke ich noch einen Notseufzer zum Himmel!

Eingehüllt in eine Duftwolke von ätherischen Ölen schleppe ich mich mit schmerzenden Beinen zur Krippenspielprobe in die Kirche. „Ihr Lieben", entschuldige ich mich bei den Spielern, „ich habe sehr schlimme rheumatische Gelenkschmerzen und dufte nach Rheumasalbe! Hoffentlich könnt ihr es aushalten!" „Mmh!", schnuppert Bärbel, die Hirtin, „du riechst wie meine verstorbene Oma, die ich sehr lieb hatte!"

Drei Tage später bei der Hauptprobe fragt Bärbel mich: „Und was machen deine Rheumaschmerzen?" Erstaunt schaue ich auf meine Beine: „Oh, die habe ich ja ganz vergessen! Sie sind verschwunden! Halleluja!" „Ja?", lacht mich die Hirtenfamilie an, „wir haben auch fest dafür gebetet!" Ein junges Ehepaar aus einem unserer Hauskreise, die Maria und Josef spielen, nicken: „Wir auch!" Auch Klaus, der Wirt, und seine Frau Gabi, die die heilige Familie in den Viehstall schicken, bezeugen: „Jawohl! Wir haben unseren Heiland gebeten, dass er dich heilt!" Auch unser „Engel Gabriel" hat meine Schmerzen vor Gott gebracht. „Ein Wunder!", rufe ich erfreut und hebe meine Arme. „Vater, ich danke dir!", füge ich beschämt hinzu, „und euch auch, ihr treuen Beter."

Unser Krippenspiel hat bei der weihnachtlichen Gemeinde einen tiefen Eindruck hinterlassen: Ein Staunen über das Wunder aller Wunder, dass Gottes ewiger Sohn diesen Abstieg auf sich genommen hat und ein Mensch wie wir geworden ist!

Dass ich in meinem Alter den riesigen Berg Arbeit mit Gottes Hilfe noch vor Weihnachten geschafft habe, ist für mich auch ein kleines Wunder. Aus lauter Dankbarkeit gegenüber Gott, der solche Wunder tut, bemühe ich mich seither, anstatt Süßes nun viel Gemüse zu essen. Das grenzt auch schon an ein Wunder, denn ich mag Süßes sehr! Inzwischen habe ich tatsächlich nur noch äußerst selten leichte Rheumaschmerzen. Gott sei Dank!

Unter Engelsflügeln

Im Verborgenen breiten Engel ihre Flügel über uns aus. Doch manchmal hebt sich ein wenig der Schleier, der die himmlische Welt verhüllt. Dann bekommen Gottes Boten Hände und Füße, um uns sicher durch Gefahren zu bringen. Und manchmal kreuzen Menschen unseren Weg, die zu „Engeln" werden – sie helfen und schützen.

Wer war diese alte Dame?

MILA DEVIC

Rasch näherte der Herbst sich seinem Ende, und die letzten Blätter fielen auf die Erde. Wie jedes Jahr starb das Laub seinen natürlichen Tod, während der Baum sich auf das neue Leben im Frühling vorbereitete. Es war ein düsterer Tag. Ich saß am Fenster und beobachtete, wie die Blätter in schaukelnden Bewegungen hinabsegelten. Dieses Schauspiel erinnerte mich daran, wie ich mein erstgeborenes Kind in den Armen wiegte.

Damals war ich erst vierundzwanzig Jahre alt und noch nicht sehr lange verheiratet. Eines Tages bekam ich bei der Arbeit in der Tuchherstellung plötzlich starke Schmerzen im Rücken. Ich suchte einen Arzt auf. „Wir müssen eine Röntgenaufnahme machen, um die Ursache zu finden", wurde mir mitgeteilt. Einige Wochen später stellte ich überglücklich fest, dass ich schwanger war. Ich war so aufgeregt! In mir wuchs ein kleines Baby heran. Ich konnte es kaum abwarten, zum Arzt zu gehen und mir die Schwangerschaft bestätigen zu lassen.

Doch die Reaktion des Arztes war niederschmetternd. „Ja, Sie sind schwanger, aber die Röntgenstrahlen haben dem Baby geschadet. Es würde krank und entstellt zur Welt kommen und keine Aussicht auf ein normales Leben haben. Sie müssen sofort eine Abtreibung vornehmen lassen." Zuerst konnte ich seine Worte gar nicht erfassen; dann stiegen Wogen der Trauer in meinem Innersten auf. Ich begann zu weinen. Wie könnte ich mein erstes Kind einfach töten? Wie sollte ich so etwas tun und dann Gott in die Augen blicken?

Alles weitere schien sich meiner Kontrolle zu entziehen. Mehrere Ärzte umringten mich und setzten mich stark unter Druck, einer Abtreibung zuzustimmen. Sie gaben mir alle notwendigen Formulare und schickten mich in das Wartezimmer neben der Abtreibungseinheit. Ich war schockiert und völlig verwirrt. Neben mir warteten noch andere Frauen auf eine Abtreibung, aber keine von ihnen ließ auch nur die geringste Betroffenheit erkennen. Keine außer mir weinte. Ich fühlte mich so allein! Mit einem Mal war für mich der Herbst zum düstersten Winter meiner Seele geworden.

Doch plötzlich war ich nicht mehr allein. Eine alte Dame neben mir fragte mich sanft, warum ich weine. Ich hatte sie nie zuvor gesehen, doch ich spürte, dass ich ihr vertrauen konnte – also erzählte ich ihr, dass mein Baby nicht normal war und die Ärzte mich aufgefordert hatten, es abtreiben zu lassen. „Ich kann es nicht ertragen, mein Baby zu töten", schluchzte ich. Die alte Dame sah mich an und sagte: „Nehmen Sie Ihre Sachen und gehen Sie nach Hause. Wenn Ihr Baby nach der Geburt nicht normal sein sollte, dann bringen Sie es zu mir, und ich werde mich um das Kind kümmern."

Diese Frau war wie ein heller Lichtstrahl, der in meine dunkle Welt einbrach. Ich verließ das Krankenhaus mit Freudentränen, und statt Sorge war mein Herz voller Hoffnung. „Wer mag diese alte Dame gewesen sein?", überlegte ich. Ältere Frauen kamen normalerweise nicht in Entbindungsstationen oder Abtreibungskliniken. Es war mir nicht einmal in den Sinn gekommen, sie nach ihrem Namen und ihrer Adresse zu fragen. Sie musste ein Engel Gottes gewesen sein, der gekommen war, um mir an meinem dunkelsten Tag zu helfen.

Sieben Monate später brachte ich ein wunderschönes kleines Mädchen zur Welt. Ich wiegte es in meinen Armen und gab ihm den Namen Marija. Als mein Mann mich besuchte, brachte die Krankenschwester uns das Baby ins Zimmer. Dabei bemerkte sie ein wenig Blut in Marijas Mund. Sofort lief sie los, um den Arzt zu holen. Doch er konnte nichts mehr tun – die kleine Marija starb wenige Minuten später. Die Röntgenstrahlen hatten ihr Herz und ihre Lungen zerstört. Obwohl wir sehr traurig waren, unsere wunderschöne Tochter zu verlieren, war ich überaus dankbar, dass Gott Marija zu sich geholt und ich sie nicht getötet hatte. So wie die Blätter auf den Bäumen eines natürlichen Todes sterben, war Marija zu gegebener Zeit eines natürlichen Todes gestorben. Hätte ich eine Abtreibung durchführen lassen, wäre ihr Tod unnatürlich und unrecht gewesen.

Nach und nach segnete Gott uns mit vier weiteren Kindern, und ich war ihm sehr dankbar dafür.

Als Kroatien in den Bürgerkrieg geriet, folgten schwere Zeiten. Unser Haus und unser ganzes Dorf wurden zerstört. Wir mussten alle vertrauten Menschen verlassen und wurden zu Flüchtlingen. Fünf Jahre lang zogen wir umher, lebten in vier verschiedenen Städten, immer auf der Suche nach einer Unterkunft und genug zu essen.

In dieser Zeit verloren wir vieles, aber wir gewannen auch sehr viel. Wir durften erkennen, dass Gott uns so sehr liebt, dass er Jesus auf die Erde gesandt hat. Durch ihn wollte er uns zeigen, wie wir eine Beziehung zum Vater im Himmel finden können! Als wir das verstanden hatten, gaben wir Gott unser Leben. Trotz der unsicheren Lebensumstände erfuhren wir, wie reich Gott uns beschenkt – mit Vergebung, Frieden, Freude, Liebe und Fürsorge.

In dieser Zeit, in der wir gar nichts besaßen, sehnte ich mich danach, eines Tages ein großes Haus mit einem Garten voller Blumen zu haben. In diesem Haus könnten wir alle zusammen leben und glücklich sein! Eines Nachts träumte ich von einem schönen, großen Haus auf einem Hügel. Es hatte einen großen Garten, in dem sogar ein Springbrunnen sprudelte. Plötzlich trat Marija aus dem Haus – nicht als Baby, sondern als hübsches Mädchen, das uns mit ausgebreiteten Armen entgegenkam. Einer nach dem anderen gingen wir zu ihr. Marija sagte: „Wo seid ihr alle gewesen? Ich warte schon lange auf euch!" Sogleich wusste ich, dass ich vom Himmel geträumt und dass Gott sich um Marija gekümmert hatte, wie er es durch seinen Boten, die alte Dame, versprochen hatte. Sie hatte mich an meinem dunkelsten Tag besucht und Licht und Hoffnung in mein Leben gebracht – wie der Engel in der Heiligen Nacht.

Heute denke ich an die allererste Weihnacht und erkenne viele Parallelen zu meiner eigenen Geschichte. Auch damals, unter dem Machthaber Herodes, herrschten düstere Zeiten. Wie der Arzt drängte auch er in seiner Autorität darauf, das Baby zu töten. Aber Gott griff ein, indem er die heilige Familie zur Flucht mahnte – genau wie die alte Dame mich gemahnt hatte –, und er versprach, das Kind zu behüten.

Ja, das ist der Gott, den ich liebe und dem ich diene: Jesus, mein Herr.

Im Regen und ohne Benzin ...

BARBARA LENSKI

Mit meinen drei Kindern (zwei, vier und sechs Jahre alt) und zwei anderen Kleinkindern machte ich mich eines Tages in unserem Kleinbus auf, um in ein etwas weiter gelegenes Hallenbad zu fahren. Unser viertes Kind war damals noch in meinem Bauch und sollte erst zwei Monate später das Licht der Welt erblicken.

Auf dem Rückweg vom Hallenbad bemerkte ich plötzlich, dass auf dem Armaturenbrett ein Licht aufleuchtete. „Ach du meine Güte, ich fahre bereits auf Reserve", stellte ich erschrocken fest. Hinten im Wagen waren die Kinder ziemlich aufgewühlt und laut. Ich begann zu hoffen und zu beten, dass das Benzin reichen würde, bis wir zur nächsten Tankstelle kämen.

Kurz vor der nächsten größeren Stadt blieb der Wagen stehen und bewegte sich keinen Meter weiter. „Nur das nicht!", stöhnte ich. Draußen regnete es in Strömen, und die nächste Tankstelle war zweieinhalb Kilometer entfernt. „Ich kann doch die Kinder nicht allein im Auto lassen, um Benzin zu holen. Das ist viel zu gefährlich!", schoss es mir durch den Kopf. Also beschloss ich, mich an die Straße zu stellen, um ein Auto anzuhalten – in der Hoffnung, dass ein Fahrer mir einen Kanister Benzin holen würde.

Wie lange ich dort stand, weiß ich nicht mehr. Es kam mir jedenfalls wie eine Ewigkeit vor. Alle Autos fuhren vorbei! Scheinbar hatte jeder etwas Wichtigeres zu tun, als einer hochschwangeren Frau zu helfen, die im Regen an der Straße stand.

Plötzlich hielt ein Wagen an. Ein junger Mann, der aus dem Vorderen Orient zu stammen schien, kurbelte die Scheibe hinunter und fragte freundlich: „Kann ich Ihnen helfen?" „Ja, Sie sind ein Engel! Hätten Sie vielleicht Zeit, mir einen Kanister Benzin zu holen? Ich habe da nämlich etwas übersehen ...", stammelte ich nervös. „Natürlich", erwiderte der Fahrer. „Ich nehme mir einfach die Zeit. Warten Sie nur. Ich bin sobald wie möglich zurück."

Nach rund fünfzehn Minuten tauchte der junge Mann wieder auf. Inzwischen hatte ich versucht, die „Rasselbande" im Auto zu beruhigen. Der freundliche Ausländer füllte mir das Benzin in den Tank, dann gab ich ihm das ausgelegte Geld zurück und bedankte mich vielmals. Endlich brach ich in Richtung Heimat auf. Noch ganz durcheinander und nervös, aber sichtlich erleichtert, kam ich zu Hause an.

Etwa eine Stunde später klingelte es an der Haustür. Vor mir stand der nette Mann, der mir mit dem Benzin ausgeholfen hatte. „Ich bringe Ihnen Ihre Geldbörse", sagte er. „Sie haben sie in Ihrer Aufregung auf meinen Beifahrersitz gelegt." Er drückte sie mir in die Hand und war verschwunden. Ich konnte nur noch „Vielen Dank! Nochmals vielen Dank!" rufen, da saß er schon wieder in seinem Auto und fuhr davon.

„Das ist Ausländerfreundlichkeit", dachte ich. „Davon könnten wir uns eine Scheibe abschneiden!" Ja, Gott hat seine Engel wirklich überall. Manchmal kommen sie aus dem Ausland!

Der gut gekleidete Helfer

ROBYN & DAVID CLAYDON

Der Soldat ließ sich nicht überzeugen; meine Anwesenheit auf seinem Landeplatz war illegal. „Ich muss Sie verhaften, und Sie werden hier bleiben, bis ein Vorgesetzter aus Kinshasa kommt." Das konnte mindestens eine Woche dauern!

Ich war mit dem Flugzeug eines Missionswerkes als Transitpassagier in Bukavu (Zaire) zwischengelandet. Also brauchte ich nach internationalem Recht kein Visum. Aber der zuständige Soldat dieses kleinen Flughafens versuchte aus jeder Person Geld herauszuschlagen, die sich auch nur in die Nähe seines Landeplatzes wagte!

Die Missionsleiterin, die unser Werk in diesem Gebiet betreute, hatte den Soldaten um die Erlaubnis gebeten, an Bord kommen zu dürfen, um während des Zwischenstopps mit mir zu sprechen. Aber sie hatte ihm kein Bestechungsgeld angeboten, und darüber ärgerte er sich wohl. Kurz nach der Landung kam er an Bord und verhaftete mich.

Er führte mich in seine kleine Wellblechhütte und drohte, mich in einer anderen Hütte zu inhaftieren. Wahrscheinlich wollte er nur Bestechungsgeld, aber dazu war ich nicht bereit. Also sprachen die Missionsleiterin und ich auf Französisch mit ihm, und ich entschuldigte mich, dass ich kein Visum hatte, weil ich als Transitpassagier keins brauchte. Nach einiger Zeit musste die Missionsleiterin aufbrechen, weil ihre Station 25 Kilometer entfernt lag und sie die einzige Verkehrsverbindung nicht verpassen durfte. Mit großem Bedauern entschuldigte sie sich und ging.

Ich trat in die Tür der Hütte, weil mir schrecklich heiß war und der Flüssigkeitsmangel sich allmählich bemerkbar machte. Als ich dort stand, betete ich: „Herr, du weißt, dass zu Hause in Australien viele Leute für mich beten. Nicht um meinetwillen, aber um ihretwillen erhöre ihre Gebete und hilf mir aus dieser Situation heraus."

Als ich die Augen öffnete, sah ich einen gut gekleideten Zairer zu meiner Maschine gehen und einige Pakete hineintragen. Daher nahm ich an, dass er in irgendeiner Weise mit der Mission in Verbindung stehen müsste und höchstwahrscheinlich ein Christ war. Also rief ich ihm auf Französisch zu, ob er mir helfen könne. Er kam herüber und sprach mich in ausgezeichnetem Englisch an. Ich erläuterte ihm das Problem, und er versprach, mit dem Soldaten zu reden.

Nach wenigen Minuten hatte er ihn dazu gebracht, mich freizugeben und die Maschine starten zu lassen. Der Mann forderte mich auf, den Soldaten um Entschuldigung für all die Mühe zu bitten, die ich ihm gemacht hatte. Somit würde er nicht sein Gesicht verlieren. Das tat ich, worauf ich meinen Pass zurückerhielt und wieder in das Flugzeug einsteigen konnte, das sofort startete.

In der Maschine erkundigte ich mich bei dem Piloten, wer dieser Zairer war, der mir geholfen hatte. Er erklärte, dass er ihn noch nie gesehen hätte. „Aber er hat doch Pakete angeliefert", wandte ich ein. „Es muss also ein Vertreter der Mission sein." Der Pilot teilte mir mit, dass es in Bukavu keinen Vertreter gäbe. „Und was ist mit den Paketen, die er in die Maschine geladen hat?", hakte ich nach. „Hier sind keine Pakete", antwortete der Pilot. Ich deutete auf den Sitz neben der Tür, wo ich die Pakete vermutete, aber es waren tatsächlich keine da.

Als ich nach Nairobi zurückgekehrt war, schrieb ich an unsere Missionsleiterin und berichtete ihr von dem Mann, der mir geholfen hatte. Ich hoffte, dass sie ihn ausfindig machen und ihm an meiner Stelle danken konnte. Sie erwiderte, dass in Bukavu niemand so gut Englisch sprechen könnte und dass auch niemand meiner Personenbeschreibung entspräche!

Gott hatte mein Gebet erhört, indem er einen seiner Engel schickte. Er ist ein wunderbarer Vater, der unsere Bedürfnisse kennt. Nicht immer handelt er so, wie wir es gern hätten. Aber wenn er eingreift, wird uns bewusst, dass er unsere Situation wirklich kennt und genau das tun wird, was für uns und unser geistliches Wachstum das Beste ist.

Begegnung im Treppenhaus

EVA BREUNIG

Meine Freundin Angelika und ihre Familie waren gerade umgezogen. Die neue Wohnung war ihnen von Freunden kostenlos zur Verfügung gestellt worden, und das war für die Familie eine große Hilfe. Denn Angelikas Mann war auf Arbeitssuche, die Kinder waren noch sehr klein, und das Geld reichte kaum für das Nötigste des täglichen Lebens. Aber sie waren fröhlich und zuversichtlich. Gott hatte zur rechten Zeit für eine Wohnung gesorgt, er würde sie auch in Zukunft nicht im Stich lassen!

Mit der kleinen Claudia an der Hand und dem Baby im Kinderwagen begann Angelika die Umgebung zu erkunden. Bäcker, Supermarkt, Spielplatz … Als sie an einem Sportgeschäft vorbeikamen, fragte Claudia: „Du, Mami, hab ich bald Geburtstag?" „Ja, Schatz, in ein paar Wochen wirst du vier Jahre alt!" „Krieg ich dann das Fahrrad vom Onkel Thomas?"

Angelika erschrak. Es stimmte, der Onkel hatte Claudia ein Fahrrad versprochen, doch das war über ein Jahr her! Angelika konnte es nicht glauben, dass ein kleines Kind sich so etwas ein Jahr lang merken konnte! Vielleicht hatte der Anblick der schnittigen Mountainbikes im Schaufenster des Sportgeschäftes die Erinnerung zurückgebracht. Wie auch immer, Tatsache war jedoch, dass der Kontakt zu Onkel Thomas leider abgebrochen war. Seit vielen Monaten hatten sie nichts mehr von ihm gehört. Außerdem war es äußerst unwahrscheinlich, das er sich überhaupt noch an sein Versprechen von damals erinnerte – und es war völlig unmöglich, ihn um dieses Geschenk zu bitten!

Angelika schluckte. Was sollte sie ihrer Tochter sagen? Deren kindlicher Glaube war felsenfest. Es kam ihr gar nicht in den Sinn, dass ihr Onkel sein Versprechen nicht einhalten könnte. Wie sollte Angelika sie schützen? Wie konnte sie ihrer Tochter dieses unerschütterliche Vertrauen bewahren? Sie war doch noch so klein!

In den folgenden Wochen ging Angelika häufig an dem Sportgeschäft vorbei und warf sehnsüchtige Blicke hinein. Aber selbst das billigste Kinderfahrrad überstieg bei weitem ihre finanziellen Möglichkeiten. Es war ganz und gar unmöglich, eines zu kaufen. Da musste schon ein Wunder geschehen!

„Herr", betete Angelika, „erspar Claudia doch diese Enttäuschung. Bitte gib uns ein Fahrrad!" Doch sie wusste selbst nicht, wie Gott das anstellen sollte.

Die Zeit verflog, Claudias Geburtstag stand vor der Tür, und Gott hatte nicht eingegriffen. Angelika begann sich schweren Herzens zu fragen, wie sie der Enttäuschung und der Tränenflut ihrer Tochter begegnen sollte.

Am Abend stieg sie noch einmal in den Keller hinunter, um etwas Geschirr aus den noch nicht ganz ausgepackten Umzugskisten zu holen. Auf der Treppe begegnete ihr eine Frau, die sie nicht kannte. Angelika grüßte sie freundlich. Schließlich waren sie neu zugezogen, und sie wollte mit allen Nachbarn gute Beziehungen knüpfen. Die Frau grüßte zurück. Doch erst, als Angelika schon im Keller verschwunden war, rief sie ihr etwas nach.

„Entschuldigung, haben Sie nicht kleine Kinder?" Angelika trat wieder ins Treppenhaus hinaus. „Ja", antwortete sie leicht verwundert. „Ach, sagen Sie, haben Sie dann vielleicht Verwendung für ein kleines Fahrrad?" Angelika glaubte ihren Ohren nicht zu trauen. „Ich glaube, ich habe sie einfach nur mit offenem Mund angestarrt", erzählte sie später. Schließlich fasste sie sich so weit, dass sie „Ja" murmeln konnte. Die fremde Frau ging mit ihr in den Keller und zeigte ihr das Fahrrad. „Natürlich ist es gebraucht", meinte sie entschuldigend. „Wir wollten es schon zum Flohmarkt geben. Aber wenn Sie es verwenden können, dann nehmen Sie es nur!"

Angelika glaubte zu träumen. Das Fahrrad war perfekt. Es hatte genau die richtige Größe. Dass es gebraucht war, machte nichts aus, denn Claudia war an gebrauchte Spielsachen gewöhnt. Wenn sie es ein bisschen putzte und ein paar Rostflecken abschmirgelte, war es so gut wie neu.

„D-d-danke!", stammelte Angelika überwältigt. „Ach, ich bin froh, wenn es benutzt wird und nicht länger hier herumsteht!", meinte die Frau herzlich und drückte ihr das Fahrrad in die Hand. „Viel Freude für Ihre Kinder!"

Zwei Tage später fuhr die kleine Claudia jauchzend mit ihrem Fahrrad im Garten herum. Aber sie war nicht die Einzige, die zu diesem Geburtstag Geschenke bekam. Auch ihre Eltern fühlten sich reich beschenkt – von einem liebenden Gott, der sich selbst um solche „Kleinigkeiten" wie Kindergeburtstagsgeschenke kümmerte!

„Ich habe die Frau später nie mehr wieder gesehen, obwohl wir mehrere Jahre in diesem Haus wohnten", erzählte Angelika mir kürzlich. „Ist das nicht merkwürdig?" Und nachdenklich fügte sie hinzu: „Weißt du, ich glaube, sie ist einfach ein Engel gewesen."

Der Himmel über Sachsen-Anhalt

SILKE BENNER

Die acht Tage in Berlin sind wie im Flug vergangen. Voll von bereichernden Gesprächen war die gemeinsame Zeit mit meiner Freundin Felicitas, bei der ich zusammen mit meinem Sohn David gewohnt habe. An unsere freundschaftlichen Bande haben wir ein weiteres Stück Stoff gewebt, einen neuen, bizarren, kostbaren Knoten angeknüpft. Jetzt heißt es Abschied nehmen. Wir umarmen uns, froh, dass wir einander haben und irgendwann wiedersehen werden. „Mach öfter eine Pause, und pass auf dich auf!", gibt mir meine Freundin noch mit auf den Weg. „Und gute Fahrt!"

Ausgerüstet mit Malbüchern, belegten Brötchen und der Hörspielkassette „Simba, der neidische Löwe" fahren David und ich morgens ausgeruht und bei klarem Himmel über den Berliner Ring. Vor uns liegt ein ganzer Tag ermüdender Autoreise. Ich rechne mit neun Stunden Fahrzeit ohne Pausen von Berlin bis Kaiserslautern. Einmal quer durch das landschaftlich abwechslungsreiche, wunderschöne weite Deutschland! Diese lange Strecke verlangt mir als ungeübter Fahrerin die letzten Reserven an Durchhaltevermögen ab. Aber wie anstrengend muss sie erst für meinen Jüngsten sein, der hinter mir – im Kindersitz festgeschnallt – stillsitzen soll!

Als wir die Kassette gerade zum zweiten Mal hören, klopft sacht mein Gewissen an: „Silke, du hast Barbara vergessen." Vor meiner Berlinreise hatte ich mich für den Rückweg bei meiner Schwester in Rothenburg an der Tauber angemeldet, Genaueres aber noch offengelassen. „Nein, diesen Umweg von etwa hundert Kilometer will ich mir heute ersparen", geht es mir jetzt, als wir durch Sachsen-Anhalt fahren, durch den Kopf. „Ich bin froh, wenn ich so schnell wie möglich zu Hause bin. Aber ich hätte sie wenigstens anrufen sollen." Simba, der neidische Löwe, reißt mich aus meinen Gedanken. Er übt gerade das Gähnen. „Mama, ich muss aufs Klo!", tönt es da vom Rücksitz. „Halt schön aus", besänftige ich meinen Sohn. „Ich kann auf der Autobahn nicht stehen bleiben. Beim nächsten Parkplatz fahre ich raus. Da kommt schon ein Schild, fünfhundert Meter bis zur Haltebucht ... So, da wären wir. Schau David, da ist sogar ein Containerklo aufgestellt ... Das ging ja noch rechtzeitig über die Bühne. Hände können wir hier wohl nicht waschen!"

Ich blicke mich auf dem primitiven Parklatz um. Weit hinten hält ein einzelner LKW. „David, steig schnell wieder ein", treibe ich meinem Sohn an. „Hier ist es unheimlich einsam." Auf einmal fällt mir ein, wie oft in „Aktenzeichen XY" von Autobahnraststätten die Rede war ... Doch als ich den Schlüssel im Schloss umdrehe, gibt die Zündung nur ein leises „Klack" von sich. Unruhig rutsche ich auf dem Sitz hin und her. Einen langen Augenblick halte ich hoffnungsvoll den Atem an, dann bewege ich noch viermal den Zündschlüssel. Vergeblich! „Nein, das darf nicht sein. Spring endlich an." Der Golf gibt jetzt nicht einmal mehr ein „Klack" von sich. „Mama, fahr doch weiter", drängt mich mein Sohn.

Was soll ich tun? Wir stecken fest! Ich überlege, was ich normalerweise in solchen Ohnmachtsituationen mache. „Wart mal, David, Mama weiß nicht, wie es weitergehen soll. Ich muss erst mal beten." Völlig kopflos und verwirrt sinke ich in mir zusammen. „Lieber Herr Jesus, ich weiß nicht, wie ich jemals wieder von diesem Parkplatz wegkommen soll. Hier gibt es kein Telefon. Ich brauche deine Hilfe." Dann wende ich mich David zu: „Komm, wir steigen aus und lassen das Auto erst mal abkühlen."

Mit einem Mal bin ich ruhig. So entspannt, als hätte ich mit der Sache nichts zu tun. Gelassen schließe ich die Autotür ab und drehe mich um. Aber was sehe ich da? Gerade kommt ein Pannenfahrzeug auf den Parkplatz. So prompt habe ich nicht mit Hilfe gerechnet! Hoffnungsvoll laufe ich auf die zwei Männer zu. „Sie schickt der Himmel! Können sie mal nach meinem Fahrzeug sehen?" Sofort legen sie ihre Frühstücksbrötchen beiseite und kommen mit. Zögernd gebe ich meinen Autoschlüssel in die offene Hand des einen. „Auf Gedeih und Verderb ausgeliefert", denke ich und klammere mich an meiner Handtasche fest. Aber merkwürdigerweise breitet sich die Gewissheit, ganz in Jesu Hand zu sein, so stark in mir aus, dass all meine Sorgen plötzlich einem grenzenlosem Glücksgefühl und der Freude und Dankbarkeit weichen.

Von tiefem, inneren Frieden umhüllt atme ich die Sicherheit ein, dass gerade zwei Engel vor mir stehen. Jetzt sehe ich sie mir genau an. Sind sie tatsächlich Himmelsboten? Als ich ihnen ins Gesicht blicke, erlange ich Gewissheit. Freundlich sagt der Größere: „Es springt sofort an, Ihr Auto. Wohin wollen sie denn heute noch?" Ich melde meine Bedenken an, dass das Auto mich bei jedem Stop wieder im Stich lassen könnte. Und frage, ob ich nicht besser ohne Halt durchfahren sollte und was die beiden für ihre Mühe bekommen.

„Nein, das kostet nichts. Aber machen Sie unterwegs eine Pause", betont der eine und wirft mir einen besorgten Blick zu. „Sie werden sonst müde. Bis Kaiserslautern können Sie heute nicht ohne Pause durchfahren, hören Sie?" Nachdenklich starre ich ihn an, die Ohren auf Durchzug. „Also, wir finden keinen Schaden am Auto. Auf Wiedersehen!"

Wie im Traum lenke ich mein Auto auf die Überholspur Richtung Heimat. Der Motor schnurrt wieder zuverlässig. Ja, Gott lässt mich nie und nimmer im Stich! Noch immer bestimmt dieses sonderbare, traumartige Gefühl, dass ich gerade etwas Besonderes erlebt habe, meine Sinne. Rechts rauschen Felder und Fabriken an mir vorbei. Und auch diese tiefe Freude lässt mich nicht los. Wie in einem Kaleidoskop wirbelt die Anweisung, eine Pause zu machen, in mir herum und hallt in tausend Echos nach. Blitzartig fällt Verständnis von meinem Kopf ins Herz. Ich erinnere mich: Heute morgen ... vor meiner Berlinreise ... für den Rückweg ausgemacht ... Aufwand nicht wert ... nicht telefonisch abgemeldet. Jetzt legt sich ein Gedanke auf das eben Erlebte: Himmelsboten helfen nicht nur bei Pannen, sie geben auch Weisungen von Gott weiter!

„Jesus, ich füge mich deinem Rat", bete ich. „Wenn du willst, dass ich Barbara besuche, werde ich Segensträger sein." Bald setze ich den Blinker für die Abfahrt, die mich nach Rothenburg führen wird. Ich freue mich über diesen deutlichen Auftrag. Mit neuem Elan bewältige ich die Weiterfahrt.

„Ich dachte, du kommst erst morgen, weil du noch nicht angerufen hast. Schön, dass du da bist!", Barbara strahlt übers ganze Gesicht, und wir verbringen zwei gemeinsame Stunden. Dieser Kurzbesuch wird einen Sinn gehabt haben. Vielleicht haben ja unsere Kinder für ihre Zukunft von unserem Gespräch profitiert.

Und das Auto? Das hat seitdem nicht mehr gestreikt. Ich kann nur staunen über einen so einfallsreichen Gott, der meinem Vertrauen in seine Führung jeden Tag neue Nahrung gibt.

Ein Fußmarsch im Dunkeln

SARAH KOESHALL-JUMP

Als mein Zug im Bahnhof einlief, war es schon spät in der Nacht. Vor meiner Abfahrt hatte ich Probleme mit meinem Wagen gehabt und ihn deshalb in eine Werkstatt gebracht. Dort hatte man mir versichert, er würde fertig sein, wenn ich wieder zurückkäme. Weil mein Zug so spät eintreffen sollte, hatte ich Freunde gebeten, das Auto abzuholen und am Bahnhof abzustellen.

Als ich nun nachts gegen halb zwei vor dem Bahnhof stand, war von meinem Wagen nichts zu sehen. Doch zu so später Stunde wollte ich niemanden mehr durch einen Anruf stören, deshalb machte ich mich zu Fuß auf den Weg zur Werkstatt. Bestimmt würde mein Wagen dort stehen!

In meiner Erinnerung war der Weg nicht allzu weit. Tatsächlich zog er sich fast zwei Kilometer hin. Während ich die Straße entlangging, überfiel mich plötzlich ein Gefühl der Unsicherheit. Wie konnte ich nur zu nachtschlafender Zeit allein durch die Stadt laufen? Das war doch verrückt! In meiner Verzweiflung fing ich an zu beten.

Während des ganzen Weges redete ich mit Gott. Plötzlich erblickte ich in einiger Entfernung vor mir eine Kneipe. Dort brannte noch Licht, und aus der offenen Tür drang Lärm. Drei oder vier Männer kamen heraus und stiegen in ein Auto, das am Straßenrand geparkt war. Als sie losfuhren, wurde ich vom Lichtkegel ihrer Scheinwerfer erfasst. Sie verlangsamten das Tempo und riefen mir etwas zu. Ich bekam es noch mehr mit der Angst zu tun und betete noch intensiver.

In dem Moment, als sie direkt neben mir waren, weiteten sich plötzlich ihre Augen – so, als wären sie von etwas überrascht worden. Dann heulte der Motor auf, und das Auto verschwand um die Ecke. Schon oft habe ich mich gefragt, was diese Männer wohl gesehen hatten. Ich konnte niemanden in der Nähe entdecken, aber sie hatten offensichtlich etwas – oder jemanden – wahrgenommen.

Erleichtert setzte ich meinen Weg fort. Schließlich kam ich bei der Werkstatt an. Tatsächlich, dort stand mein Wagen! Doch wie erschrocken war ich, als ich merkte, dass er auf einem abgeschlossenen Parkplatz neben der Werkstatt abgestellt war! Das Tor war mit einer dicken Eisenkette gesichert, an der ein großes Vorhängeschloss hing. Was nun? Ich stand vor dem Tor, schaute meinen Wagen an – so nah und doch unerreichbar – und wusste nicht, was ich tun sollte. Mit beiden Händen packte ich das Tor und schrie zu Gott, er möge mir helfen. Während ich noch am Tor rüttelte, öffnete sich zu meiner größten Verwunderung plötzlich das Schloss! Nun konnte ich meinen Wagen herausholen und nach Hause fahren!

Alles nur Zufall? Mag sein. Aber mir liegt der Gedanke näher, dass Gott die ganze Zeit an meiner Seite war und mich beschützte. Und dass er, als ich ihn um Hilfe bat, einfach das Vorhängeschloss für mich öffnete.

Bewahrung von starker Hand

In den Unsicherheiten des Alltags und den Wirren unruhiger Zeiten sind wir nicht auf uns allein gestellt. Über uns wacht der starke Gott, dem nie etwas aus den Händen geglitten ist. Er, der selbst für die Spatzen sorgt, ist Zuflucht und Schutz in jeder Gefahr.

Rutschpartie mit gutem Ende

CORNELIA MACK

Es war an einem Samstag im März. An diesem Morgen sollte ich zu einem Frühstückstreffen für Frauen fahren, um dort einen Vortrag zu halten. Doch ich litt unter einer starken Bronchitis und war ziemlich entkräftet. Mein Mann war weit weg in Afrika zu einer Begegnung mit Christen aus einem Partnerbezirk. Ich fühlte mich nicht nur krank, sondern auch ziemlich einsam.

Schon am Abend vorher hatte mir jemand geraten, das Ganze abzusagen. Aber dazu konnte ich mich nicht durchringen. Dreihundert Männer und Frauen warteten auf mich, das Thema war mir sehr wichtig, und ich wusste, dass ich einen Auftrag von Gott hatte.

An diesem Morgen erlebte ich Anfechtungen wie noch nie. Als ich versuchte, mich mühsam aus dem Bett aufzuraffen, schienen innere Stimmen zu sagen: „Bleib doch liegen! Du bist krank. Wieso musst du da überhaupt hinfahren? Du kommst einfach nicht!" Diese Stimmen zu ignorieren war nicht ganz einfach, doch schließlich stand ich auf. Zwanzig Minuten später saß ich im Auto und fuhr los.

Es hatte nochmals geschneit, und ein dünner Schneefilm lag auf der Straße. Das erste Stück der Strecke führte mich über einen Pass von mehr als 1000 Meter Höhe. Noch auf dem Weg bergauf kam ich ins Schleudern. Plötzlich hatte ich das Auto nicht mehr in meiner Gewalt – es drehte sich und schlitterte ein ganzes Stück rückwärts bergauf.

Mein erster Gedanke war: „Das könnte jetzt das Ende sein. Möglicherweise bin ich in wenigen Sekunden bei Jesus!" Die unterschiedlichsten Gefühle überfielen mich. „Wenn ich nun wirklich sterben würde, wäre es eigentlich schade. Ich hatte noch so viel vor!" Andererseits verspürte ich auch Vorfreude und Spannung: „Was erwartet mich jetzt? Wie wird es in der Ewigkeit sein?"

Doch so weit kam es nicht – auf einmal blieb mein Auto an einer Leitplanke hängen. Eines der vielen Wunder an diesem Morgen war, dass sich genau an dieser Stelle eine Leitplanke befand. Hätte sich das Ganze fünf Meter weiter oben abgespielt, wäre ich auf einen Baum im Wald geprallt.

Ich stieg aus dem Auto und sah mir den nicht unerheblichen Schaden an: Scheinwerfer, Kotflügel, Seitentür, Stoßstange – alles zerbeult. Aber das Auto war noch fahrtüchtig. Also entschloss ich mich zur Weiterfahrt. Doch ich nahm einen anderen, dafür aber weiteren Weg durchs Tal, um nochmaligen Rutschpartien vorzubeugen.

Ich war unendlich dankbar, dass Gott mich bewahrt hatte, nicht nur körperlich, sondern auch seelisch. Und ich war froh, dass ich keinen Schock erlitten hatte, sondern mich stabil genug fühlte, um weiterzufahren. „Menschen sind wichtiger als Dinge, materieller Schaden ist immer verkraftbar", das sind Leitsätze, die mich seit Jahren begleiten. Dieses Wissen half mir auch jetzt, relativ leicht mit dem Schaden fertig zu werden.

Nach eineinhalb Stunden Fahrt war mein Ziel noch immer nicht in Sicht. Am Straßenrand hielt ich an, und nach einem Blick auf die Karte stellte ich fest, dass ich eine Abzweigung verpasst hatte und schon viel zu weit gefahren war! Also drehte ich um. Beim Blick auf die Uhr stieg allmählich leichte Panik in mir auf, und innerhalb des Ortes beschleunigte ich etwas mehr als erlaubt war. Prompt fuhr ich in eine Radarfalle und wurde geblitzt! Allmählich verzweifelte ich. War der Unfall nicht schon genug gewesen? Warum auch das noch?

Etwa zehn Minuten vor Veranstaltungsbeginn kam ich etwas aufgewühlt am Ziel an. Ich war dankbar, dort von freundlichen Mitarbeiterinnen empfangen zu werden, die meine Fahrt auch im Gebet begleitet hatten.

Ein weiteres Wunder war für mich, dass ich trotz der Erlebnisse am Morgen eine große Freude und Freiheit zum Sprechen verspürte und meine Gedanken nicht blockiert waren. Auch meine

Krankheit war kein Hindernis. Eine Stunde lang konnte ich reden, ohne wegen eines Hustenanfalls unterbrechen zu müssen. Die Reaktionen danach waren für mich sehr ermutigend und ein weiterer Grund zur Dankbarkeit.

Vier Wochen später hatte ich Geburtstag. Am Morgen kam ein Päckchen von der leitenden Mitarbeiterin des Frühstückstreffens, das eine Kassette und eine Zusammenstellung von Rückmeldungen der Teilnehmer enthielt. Die Mitarbeiterin hatte nichts von meinem Geburtstag gewusst, mir aber auf diese Weise ein Geburtstagsgeschenk der besonderen Art bereitet. Solch ein überwältigendes Echo hatte ich selten erlebt! Gott hatte an diesem Morgen durch meinen Vortrag viele Menschen gesegnet – trotz meiner Schwachheit und Anfechtung.

Das war eine weitere Bestätigung für mich, dass es richtig gewesen war, zu diesem Treffen zu fahren. Manche sagten mir im Nachhinein, ich hätte nicht fahren, sondern auf den Rat, der mir erteilt wurde, hören sollen. Aber wo ein Auftrag von Gott ist, sind auch Widerstände. Wenn wir sie zum Anlass nehmen, auszuweichen und uns zurückzuziehen, gehen wir an Erfahrungen der Größe Gottes vorbei.

Ja, wo wir von ihm in den Dienst genommen werden, bleiben Anfechtungen nicht aus. Doch sollten wir uns davon nicht entmutigen lassen, sondern an dem Wissen festhalten, dass wir auf der Seite des Siegers Jesus Christus stehen. Gott ist der Herr dieser Welt. Er ist größer als unsere Ängste, unser menschliches Können oder Versagen. In seiner Hand hält er unser Leben, vom Anfang bis zum Ende. Das kann uns in allen Gefahren dieser Welt getrost und gelassen machen.

»Tatsächlich, ich lebte noch!«

MARGIT WEITZEL

Silvesterabend 1994. Ich stehe auf dem Balkon und höre dem Klang der Glocken zu. Wehmut zieht in mein Herz. Erinnerungen werden wach, als wäre es noch nicht lange her, und doch sind es schon fünfzig Jahre. Ja, vor fünfzig Jahren schrieb ich meine Leidensgeschichte während der russischen Verschleppung auf.

Am 2. Dezember 1944 wurde meine Heimat, ein kleines Dorf in Ungarn, von russischen Truppen besetzt. Alle Frauen und Mädchen zwischen achtzehn und dreißig Jahren wurden in ein Arbeitslager nach Nowidonbass in Russland gebracht und arbeiteten dort unter schrecklichen Bedingungen zuerst in einer Ruine, dann in einem Steinbruch. Im Mai 1945 brachte man mich und vier andere Mädchen auf eine Kolchose. Jede von uns bekam eine Hacke und wurde aufs Feld geschickt.

Nachdem die Ernte eingebracht war, begann eine Regenzeit. In einer kalten Nacht bekam ich plötzlich Fieber und litt unter Schüttelfrost. Ich war so geschwächt, dass ich liegen bleiben musste. Schließlich wurde die Frau des Offiziers geholt, die Ärztin war. Nach einer Untersuchung stellte sie fest, dass ich Malaria hatte, ein Mittel dagegen hatte sie aber nicht.

Eines Morgens, nachdem das Fieber ein wenig gesunken war, schrieb ich folgende Zeilen eines Gebetes:

„... wenn es in den Tod auch geh, hilf mir von Herzen sprechen,
dein Wille, Herr, gescheh!
Mein Herz, es soll mir nicht mehr grauen,
was auch die Zukunft bringt,
dir alles will ich gern vertrauen, ich bin dein hilflos Kind,
bis dein Angesicht ich seh, will ich von Herzen sprechen,
dein Wille, Herr, gescheh!"

Da die Feldarbeit abgeschlossen war, wurden wir wieder in das Lager nach Nowidonbass zurückgebracht. Die Freude, alle wiederzusehen, war groß, und wir konnten den anderen Mädchen sogar etwas Essbares mitbringen. Doch meine Freude währte nicht lange. Bald schon wurde ich in das sogenannte Lazarett, die spätere Todesbaracke, verlegt. Die Kost war sehr schmal, und meine Kraft wurde immer weniger. Zur Malaria kam noch Wassersucht hinzu. Täglich musste ich beobachten, wie die Verstorbenen neben mir hinausgetragen wurden.

Meine Bibel hielt ich die ganze Zeit fest an meiner Brust verborgen. Eines Tages bat mich ein Mädchen, ihr die Bibel nur einmal kurz in die Hand zu geben. Zitternd nahm sie sie an sich. In diesem Moment kam der Wachoffizier herein und entriss ihr die Bibel. Wenig später zeigte er uns, wie gut man aus den Seiten Zigaretten drehen konnte. Wir weinten beide. Wenig später starb das Mädchen.

Jeden Morgen kamen zwei Männer und zogen die Kranken an den Füßen, um festzustellen, ob sie noch am Leben waren. Von Tag zu Tag vermehrte sich nun das Wasser in meinem Körper, meine Hände glichen Gummibällen, mein Gesicht und die Augen schwollen mehr und mehr zu. Allmählich schwand jede Hoffnung auf Genesung, auch angesichts der vielen anderen, die schon gestorben waren.

Eines Nachts wurde ich aus dem Schlaf geweckt. Zu meinem Erstaunen stand ein russisches Mädchen vor mir. Sie sprach sehr leise, nahm meine Hände in die ihren und legte unser beider Hände wie im Gebet zusammen. Da weinte ich bitterlich. Soweit ich verstehen konnte, sagte sie, sie würde für mich beten, dann gab sie mir einen Kuss und ging leise fort. Sie kam noch eine zweite Nacht. So sacht wie sie gekommen war, ging sie fort, und ich sah sie nie mehr wieder. Sie war mir wie ein Engel erschienen. Wer war dieses Mädchen? Wieso kam sie ausgerechnet zu mir? Ich sollte es nie erfahren.

Bald wurde es Nacht in meinem Herzen. Mir schien, als würde mein Herzschlag des öfteren aussetzen. Mir war klar, was das zu bedeuten hatte. Ich fühlte meinen nahenden Tod. „In den Morgenstunden wird man auch mich hinaustragen", dachte ich, „wie schon so viele, die in der Grube im Massengrab ruhen." Grauen erfasste mich. Andererseits sah ich dem Ende meiner Leiden entgegen und wünschte mir, ich hätte sie schon überwunden. Denn nach dieser Zeit auf der Erde erwartete mich ja die Herrlichkeit. Noch einmal wollte ich mich erleichtern und schrie so laut ich konnte „Mutter!" in die Nacht hinein. Und noch ein zweites Mal rief ich: „Mutter!" Danach wurde es still in mir, als würde mich jemand wie eine Mutter in den Arm nehmen und halten. Nun wollte ich für immer einschlafen.

Wie jeden Morgen fasste mich jemand an den Füßen, und ich hörte ihn sagen: „Die lebt noch!" Ich lebte noch? Doch noch? Tatsächlich, ich konnte es kaum fassen! Auch sehen konnte ich wieder, denn meine Augen waren frei von Wasser. Diesen Tag werde ich nie vergessen. Es war der 18. Januar 1946. Was war mit mir geschehen?

Innerhalb weniger Tage entwich das Wasser aus meinem Körper. Ein Pfleger drückte auf meine aufgedunsene Hand, da lief am Ellenbogen viel Wasser heraus. Ich fühlte mich wie nach einem Wunder. Es war, als spräche jemand: „Es ist vom Herrn geschehen und ein Wunder vor unseren Augen." Unser Offizier sah mich umherlaufen, blickte mich erstaunt an und fragte, ob ich zu meinen Kameraden gehen wollte, denn sie hätten neue Pritschen bekommen. Und ob ich das wollte! Endlich durfte ich die Todesbaracke verlassen. Was für ein frohes Wiedersehen!

Eines Morgens stand unser Offizier mit einer Liste vor der Tür und rief verschiedene Namen auf. Auch meiner war dabei. Wieder mussten wir uns mit unserem Gepäck zum Appell aufstellen. Nach einem längeren Aufenthalt im Entlassungslager in Focsani erreichte uns im Juli die Nachricht, dass es nach Hause gehen sollte. Nach so vielen Enttäuschungen konnten wir es kaum fassen. Sollte es wirklich wahr sein?

Doch tatsächlich begann am 19. Juli die lange Fahrt Richtung Heimat. Am 30. Juli stand ich schließlich kurz nach Mitternacht unter einem von Sternen übersäten Himmel auf dem Bahnsteig meiner Heimat. Mir war, als träumte ich. Bald fasste ich Mut und schritt in die Nacht hinein, bis ich von zwei Männern der Nachtwache aufgehalten wurde. Nach einigen Fragen stellte sich heraus, dass einer der Männer ein ungarischer Klassenkamerad von mir war. Er erklärte sich bereit, mich zu meinen Eltern zu bringen, die nun in einem Massenquartier leben mussten.

Noch eine Straße, und wir waren da. Mein Klassenkamerad tat das, wozu ich nicht fähig war: Er klopfte an ein Fenster und rief nach meinen Eltern. Ich saß auf der Treppe, bis mich meine Eltern in die Arme schlossen. Nach all dem Schweren, das ich erlebt hatte, konnte ich längere Zeit nichts wahrnehmen und nur still dasitzen und weinen. Mir war, als wäre alles nur ein Traum.

Plötzlich fragte mein Vater: „Kind, was war denn am 18. Januar? Da haben wir dich ‚Mutter' rufen hören, und das zweimal. Wir gingen hinaus in die Nacht, doch es blieb alles still, als wir deinen Namen riefen. Wir haben so um dich gebangt." Welch geheimnisvolle Fäden, wie sonderbar und doch wunderbar! Ich musste und konnte bestätigen, dass es wirklich so gewesen ist. Ja, ich hatte mein Herz erleichtert, indem ich angesichts des drohenden Todes zweimal „Mutter" gerufen hatte. Danach war ich in einen himmlischen und friedvollen Schlaf versunken, und am Morgen staunend erwacht. Waren es nicht die Arme meiner Eltern über Tausende von Kilometern hinweg gewesen, die mich im Gebet umhüllt hatten? Welch ein Geheimnis!

Wer kann die Wege Gottes ergründen? Ja, nur Staunen bleibt uns.

Davongelaufen!

ROSWITHA WURM

An den Samstagvormittagen füllt sich unsere Wohnung regelmäßig mit Leben: Kinderstunde mit einer bunten Schar aus der Nachbarschaft steht auf dem Programm.

Irina, die kleine Freundin unseres Sohnes, war immer gern zur Kinderstunde gekommen. Sie liebte besonders das Basteln und Singen. Doch vor einigen Monaten mussten wir mit Erstaunen feststellen, dass Irina stiller, blasser und trauriger wurde. Zunächst fiel das nicht sonderlich auf, da sie schon immer ein ruhiges Kind gewesen war. Doch dann, eines Tages, kam sie gar nicht mehr.

Wochen später traf ich ihre Mutter, die mir weinend erzählte, dass Irina wegen schwerer Depressionen stationär in die Kinderpsychiatrie eingewiesen worden war. Eine bedrückende Situation, die mich mit großem Entsetzen erfüllte. Niemals zuvor hatte ich ein Kind persönlich gekannt, dass psychisch so krank geworden war.

Irina hatte die Geschichten von Jesus Christus geliebt und sie wie ein Schwamm aufgesogen. Besonders begeistert war sie von christlichen Liedern gewesen. Immerfort hatte sie ihren Eltern, die darüber nicht sehr begeistert waren, die geliebten Kinderstundenlieder vorgesungen. Ob die biblischen Wahrheiten in dieser schweren Zeit ein kleiner Lichtfunken in ihrem Herzen sein durften?

Zunächst konnten wir keinen Kontakt zu Irina aufnehmen, da die Ärzte jegliche Beziehungen zur Außenwelt verboten hatten – ganz besonders alle „religiösen" Einflüsse. So blieb uns und lieben Freunden nur das Gebet für Irina und ihre Familie.

Einige Wochen vergingen. Eines Tages brachte mein Sohn die schriftliche Aufforderung mit nach Hause, dass ich am Abend eine Bestätigung in seiner Schule abholen solle. So etwas war noch nie vorgekommen, und ich war ein wenig ärgerlich, weil ich an diesem Tag viele Termine hatte. Dennoch machte ich mich mit meinen beiden jüngeren Kindern, die nicht ohne mich zu Hause bleiben wollten, zur Schule auf. Die ganze Angelegenheit dauerte nicht einmal eine Minute. Ich dachte, das wäre doch wirklich nicht nötig gewesen!

Gerade als ich mit meinen Kindern die stark befahrene Straße vor der Schule überqueren wollte, entdeckte ich zwei kleine Mädchen, die barfuss und im Pyjama in unsere Richtung liefen. Ich traute meinen Augen nicht: Irina und ein etwas größeres Mädchen kamen Hand in Hand auf uns zu. Dann fiel mir Irina weinend in die Arme.

Nach und nach erfuhr ich, was geschehen war. Die beiden Mädchen waren aus dem Krankenhaus am anderen Ende der Stadt davongelaufen, weil sie die psychiatrischen Behandlungen nicht mehr ertragen konnten. Im Pyjama und ohne Geld waren sie mit verschiedenen U-Bahnen und Straßenbahnen zum Stadtrand gefahren, um in den Wald zu flüchten, der die Stadt umgab. Schon wollten sie sich von mir losreißen und weiterlaufen.

In meiner Verzagtheit bat ich Gott um Hilfe. Ich weiß nicht mehr, was ich zu den beiden Mädchen gesagt habe, aber irgendwie schaffte ich es, mit allen vier Kindern zum Haus von Irinas Eltern zu kommen. Hier herrschte helle Aufregung: das Krankenhaus hatte sie bereits von der Flucht in Kenntnis gesetzt und auch die Polizei alarmiert. Irinas Eltern hatten das Schlimmste befürchtet, doch als sie uns jetzt vor ihrer Tür stehen sahen, sagte Irinas Mutter zu mir: „Du hast Recht: Es gibt einen Gott und er tut Wunder!"

Erst viel später am Abend, ich lag bereits erschöpft im Bett, verstand ich diese Aussage. An jenem Tag waren viele Wunder geschehen: Gott hatte veranlasst, dass ich zu einem ungewöhnlichen Zeitpunkt an einem unüblichen Ort war. Er hatte die Mädchen bei ihrer waghalsigen Flucht bewahrt. Nicht auszudenken, was ihnen im einsamen Wald alles hätte passieren können!

Und er begann ein Wunder im Herzen von Irinas Mutter, die die Existenz Gottes bisher immer geleugnet hatte. Doch damit nicht genug: der behandelnde Psychiater, der sich selbst als Atheist bezeichnete, erlaubte Irina nun doch den Kontakt zu uns, weil ihr der christliche Glaube zu helfen schien.

Dieser Tag hat im Leben von Irina und ihrer Familie vieles verändert. Noch ist nicht alles wiederhergestellt, was in der Vergangenheit zerstört wurde. Aber die Wunden beginnen zu heilen, und Gott wird in diesem Haus nach und nach zur Realität.

Das Wunder geht weiter und zieht seine Kreise. Staunend dürfen meine Familie und ich beobachten, wie Gott im Alltag durch kleine Wunder wirkt und sich ein Ereignis ans andere fügt. Ja, es ist wahr: Unser Gott ist ein Gott, der Wunder tut!

Pudding und Schlaganfall

G. Hellwig & E. Funke

Eigentlich koche ich mir nie Milchreis. Aber eines Tages tat ich es doch und kochte auch gleich noch einen Pudding dazu. Den Pudding wollte ich meiner Nachbarin bringen. Am Abend zuvor war sie ins Theater gegangen, und ich hatte noch ihre Garderobe bewundert. Auf mein Klingeln hin meldete sie sich nicht, also nahm ich an, dass sie einkaufen gegangen war, und stellte die Schüssel vor ihre Tür. Später schaute ich noch zwei Mal nach, doch der Pudding stand immer noch da.

Als ich nun erneut klingelte und klopfte, hörte ich drinnen ein Stöhnen. Schnell holte ich eine Mitbewohnerin, die einen Schlüssel zur Wohnung hatte. Beim Öffnen sahen wir, dass unsere Nachbarin am Boden lag und durch einen Schlaganfall halbseitig gelähmt war. In diesem Augenblick wurde uns klar, warum ich den Pudding hatte kochen müssen: Damit diese liebe Frau rechtzeitig Hilfe bekam!

Steine, die vom Herzen fallen

REGINA VON THALER

Gründonnerstag. Miriams Spannung und Vorfreude waren riesig. Über Ostern wollte sie zum Jugendtreffen einer evangelischen Gemeinde in die Sächsische Schweiz fahren. Zu den fröhlichen Begegnungen und dem meist spielerischen Vertrautwerden mit der Bibel kamen die Schönheit der Landschaft und das Frühlingserwachen hinzu. Zwar zeigte sich die Natur sonst noch recht trist, aber in dieser Gegend war schon mit der Kirschblüte zu rechnen. Der erste Frühlingsvollmond würde sich in der Elbe spiegeln ... Herrlich!

Heute musste Miriam allerdings noch arbeiten, in einer ziemlich großen Apotheke mit viel Publikumsverkehr. Aber das war nicht schlimm. So kurz vor den freien Tagen waren die Leute alle nett. Und bald würde es ja überstanden sein.

Doch dann passierte etwas, was Miriams Vorfreude jäh unterbrach. Ihre Chefin kam mit einem Rezept auf sie zu. „Sie müssen wohl etwas verwechselt haben", erklärte sie. Miriam las und stockte. Konnte da ein anderes Medikament gemeint sein? Der Anfang war bei beiden Namen gleich, nur die Endung ... Tatsächlich, das Rezept kam von einer Augenärztin, und sie hatte der Patientin ein Medikament für die Nieren verabreicht!

Miriam erschrak. Dann ärgerte sie sich über die Ärzte. Warum mussten sie auch so undeutlich schreiben? Doch gleichzeitig wusste sie, dass niemand die Verantwortung von ihr nehmen würde. Sie hätte sorgfältiger lesen, den Überblick behalten müssen. Aber passiert war passiert! Jetzt musste sie sofort los, um die Patientin in ihrer Wohnung aufzusuchen und das Medikament auszutauschen – möglichst vor der ersten Einnahme. Wie die Frau wohl reagieren würde? Ob sie ihr verzeihen würde? Nun, das war jetzt zweitrangig. Hauptsache, es kam alles in Ordnung.

Sofort fuhr sie mit der Straßenbahn los. „Das muss ja eine entlegene Gegend sein, in der die Patientin wohnt", dachte Miriam. Sie war jedenfalls noch nie dort gewesen. Nach einigen Stationen stieg sie aus und lief zu der angegebenen Adresse – wie sich herausstellte, eine Augenklinik mit Schule und Internat.

Miriam hatte Glück. Als sie das Internat betrat, traf sie auf zwei Frauen mit Schrubber und Besen, die den Namen der gesuchten Frau kannten. Ihre Zuversicht verließ sie jedoch wieder, als sie erfuhr, dass die Patientin in ihre Heimatstadt gefahren war. Niemand sei mehr da außer ihnen, erklärten die beiden Raumpflegerinnen, weder im Internat noch in der Schule.

Miriam wurde es heiß und kalt, alles verschwamm vor ihren Augen. Sie war ratlos. Den beiden Frauen wollte sie sich nicht anvertrauen. Schließlich sollte der Ruf der Apotheke gewahrt bleiben – so eine Sache musste so diskret wie möglich behandelt werden. Aber wie sollte sie jetzt die Heimatadresse der Patientin herausbekommen? Beim Arzt war nur die Internatsadresse hinterlegt. Außerdem war er womöglich schon im Osterurlaub. Im Telefonbuch nachsehen? Aber was, wenn die Patientin gar kein Telefon hatte? Die beiden Frauen hatten zwar gesagt, wohin sie gefahren war, aber diese Stadt war ziemlich groß und der Nachname recht häufig. Nein, das war wohl auch keine gute Idee. Also musste die Polizei eingeschaltet werden. Ohne die ging es wohl nicht. Vielleicht würde der Name der Patientin sogar über Rundfunk ausgerufen werden! Miriam wurde ganz elend zumute, das Herz schlug ihr bis zum Hals.

Wortlos verabschiedete sie sich von den beiden Frauen und ging zurück in Richtung Straßenbahn. Das durfte doch alles nicht wahr sein! Das falsche Medikament würde der Patientin wahrscheinlich nicht schaden, aber es könnte ihr und ihrer Chefin einen Prozess einhandeln. Miriam fühlte sich innerlich wie zerschlagen.

Plötzlich vernahm sie in ihrem Herzen eine Stimme – oder auch nur einen Hauch davon: „Geh nicht! Kehr um und versuch es noch einmal!" Zuerst wollte sie sich weigern. Was hatte das für einen Sinn? Aber da war die Stimme noch einmal, ganz leise, aber deutlich: „Geh zurück! Tu es!" Und dann ging sie zurück, getrieben von der Hoffnung, alles möge gut werden. Als sich Miriam schließlich doch den beiden Frauen anvertraut hatte, sahen sie sie erst mit großen Augen an. Dann führten sie Miriam in einen Raum, in dem ein Arbeitstisch stand – und obendrauf eine Tüte mit Medikamenten! „Wenn Sie das meinen, Fräulein, das steht noch da. Sie hat es nicht mitgenommen."

Hätte jemand hören können, wie die Steine von Miriams Herz fielen, dann hätte er es in diesem Moment gewaltig poltern hören. Mit einem lauten Jubelschrei machte sich Miriam Luft und schickte ein inniges Dankgebet zum Himmel. Alles war gerettet! Kein Radio, keine Polizei, keine Blamage. So glücklich und erlöst hatte sie sich lange nicht gefühlt!

Beim Jugendtreffen, zu dem Miriam jetzt noch viel fröhlicher fuhr, erzählte sie natürlich davon. „Denn wes das Herz voll ist, des geht der Mund über" (Lukas 6,45). Und alle freuten sich mit ihr.

Der Glaube meiner Großmutter

CORNELIA TWISSELMANN

Meine Großmutter, Margarethe Weidelich, erblickte 1901 in Bessarabien das Licht der Welt. Während des Kriegs wurde sie nach Polen zwangsausgesiedelt, schließlich musste sie fliehen und erlebte viele schreckliche Dinge. Und doch war ihr Leben nicht geprägt von Bitterkeit, sondern von einem schlichten Glauben und einem starken Gottvertrauen. Immer wieder erzählte sie uns Enkelkindern von ihren Erfahrungen. Später schrieb sie ihre Erlebnisse auf, von denen ich hier einen Teil weitergeben möchte.

„Zusammen mit unseren vier Kindern, die zwischen einem und elf Jahren alt waren, begaben mein Mann und ich uns im Januar 1944 auf die Flucht von Polen nach Deutschland. Erst im Februar erreichten wir den Hof unseres ehemaligen Dienstmädchens, wo Russen und Polen einquartiert waren. Dort bekamen wir zu essen und einen Schlafplatz, als Gegenleistung mussten wir arbeiten. Mein Mann und unsere zwei ältesten Söhne waren im Stall tätig, ich strickte Pullover aus gestohlener Wolle.

Eines Tages kamen zwei Polen auf uns zu und forderten das Gewehr meines Mannes. Aus Angst vor den Russen hatte er es aber schon vor einiger Zeit in den Schnee geworfen. Sie glaubten ihm nicht und schlugen so lange auf ihn ein, bis er blutete. Da kam ein polnischer Offizier am Hof vorbei und fragte, was hier los sei. Auch er schenkte dem Bericht meines Mannes keinen Glauben und wollte ihn mitnehmen. Langsam bekam ich Angst! Im Beisein des Offiziers betete ich mit unseren Kindern. Daraufhin verschwand der Offizier, kam aber nach kurzer Zeit wieder und sagte zu meinem Mann: ‚Wenn ich gewusst hätte, dass du Christ bist, hättest du keine Schläge bekommen!'

Wenige Tage später wurden alle deutschen Männer fortgeholt. Nun mussten ich und die Kinder die schwere Arbeit allein machen. Wir wurden geschlagen und hungerten. Aber Gott ließ uns nicht im Stich, und immer wieder durften wir seine wunderbare Bewahrung erleben.

Als mein Mann gerade zwei Tage weg war, kamen in der Nacht polnische Soldaten zu uns und trieben mich in der Dunkelheit aus dem Haus. Immer wieder betete ich: ‚Lieber Gott, ich bin dein Kind von meiner Jugend an. Mein Leib ist ein Tempel deines Geistes. Du sagst in deinem Wort, dass du die, die dein Wort bewahren, in der Stunde der Versuchung behüten wirst.'

Die Männer brachten mich an einen Ort, an dem sich schon andere deutsche Frauen befanden. Niemand wusste, was los war. Ein Offizier musterte uns, als ob er jemanden suchen würde. Plötzlich hatte ich den Eindruck, dass er mich meinte. Also trat ich vor und sagte: ‚Gestern haben sie meinen Mann mitgenommen. Ich habe vier Kinder, darunter einen Säugling, der noch gestillt werden muss. Bitte lassen Sie mich zu meinen Kindern!' Er sah mich an und schickte mich fort. So schnell ich konnte lief ich nach Hause. Im Holzschuppen fiel ich auf meine Knie und dankte Gott für dieses Wunder.

Als meine polnische Hausfrau mich sah, glaubte sie, ich sei durchgebrannt. Aber nachdem ich ihr erzählt hatte, was passiert war, sagte sie nur: ‚Du hast einen anderen Gott als all die anderen!' Die Frauen, die mit mir zusammengetrieben worden waren, mussten auf ein Gut zu den Russen, die sie dann missbrauchten. Am nächsten Tag ließ man sie wieder laufen.

An einem anderen Abend kam ein russischer Offizier mit seinem Reitpferd auf unseren Hof. Während sein Tier gefüttert wurde, fragte er nach einer deutschen Frau. In diesem Moment schrie einer seiner Diener: ‚Das Pferd krepiert!' Sofort rannte der Offizier hinaus, um nach dem Tier zu sehen. Und in diesen Minuten konnte ich fliehen. Wieder hatte Gott eingegriffen!

Einmal war ich gerade im Stall, um die Kühe zu melken, als meine Chefin mich warnte, dass wieder ein Russe da sei. Eine innere Stimme sagte mir: ‚Lass dich nicht sehen!' So verbrachte ich die Nacht mit meinen Kindern im Stall. Am nächsten Tag bekam ich mit, dass der Russe betrunken nach einer deutschen Frau gefragt hätte. Als sich keine fand, wollte er eine Polin. Heimlich weckte der Hausherr seine Schwestern, die ihm gleichen Haus schliefen, und brachte sie in Sicherheit. Auch ich durfte eine bewahrte Nacht erleben, weil ich auf Gottes Stimme gehört hatte.

Einige Wochen später kam der Befehl, alles einzupacken – wir sollten nach Sibirien transportiert werden. Ich ahnte, dass das unseren sicheren Tod bedeuten würde. ‚Herr, soll ich hier bleiben oder mit den anderen gehen?', betete ich. ‚Wenn du mich führst und mir zeigst, wohin ich gehen soll, will ich deinen Weg gehen.' Ich nahm meine Bibel, schloss die Augen und schlug sie auf. Meine Augen fielen auf Jeremia 21,9: ‚Wer in dieser Stadt bleibt, der wird sterben müssen ... wer sich aber hinausbegibt ... zu denen, ... die euch belagern, der soll am Leben bleiben ...' Uns hatten ja die Russen belagert, also sagte ich: ‚Herr, ich gehe!'

Am 30. November 1944 verlud man uns in Viehwaggons. Dreißig Tage dauerte unsere Fahrt ohne Wasser und Brot, bei der viele Menschen verhungerten. In Sibirien wurden wir in Höhlen untergebracht. Zu essen gab es noch immer nichts, nur eine Wassertonne für zweihundert Personen. Um nicht zu verhungern, tauschten wir unsere Habe gegen Brot und andere Nahrungsmittel ein.

Bald brach Typhus unter uns aus. Auch ich erkrankte daran und wurde von den anderen isoliert. Wie lange ich dort in der Höhle lag, weiß ich nicht mehr, denn die meiste Zeit war ich bewusstlos. Als ich schließlich zu mir kam, schrie ich laut. Eine Frau hörte mich und erzählte mir, dass meine Kinder alle am Leben waren. Danach sank ich wieder in die Bewusstlosigkeit. Als ich erneut aufwachte, stand eine Russin mit einer Decke vor mir. Sie sprach kein Wort, sondern hob mich auf, trug mich zu einem Schlitten und brachte mich zu meinen Kindern. Danach verschwand sie. Die Leute trauten ihren Augen nicht, als sie mich sahen, denn alle hatten damit gerechnet, dass ich sterben würde. Ja, an mir war wirklich ein Wunder geschehen!

Bald darauf wurde mein Sohn Gerhard krank und klagte über Kopfschmerzen. Der Arzt meinte, es wäre nicht so schlimm, und in drei Tagen könnte mein Sohn wieder arbeiten. Doch nach drei Tagen lag Gerhard bewusstlos im Bett. Irgendwie gelang es mir, ihn in ein Krankenhaus zu bringen. Dort wurde festgestellt, dass er eine Gehirnhaut- und Lungenentzündung hatte.

Weil Gerhard zu schwach war, um selbst zu essen, nahm ich drei Wochen lang jeden Tag einen langen Fußmarsch und eine Fahrt über den Fluss auf mich, um ihn zu füttern. Bei einem meiner Besuch erkannte er mich nicht mehr. Am nächsten Tag weinte er vor Hunger. Mir ging ein Stich durchs Herz, denn ich hatte nichts, was ich ihm geben konnte. Auch seine Geschwister zu Hause hatten Hunger. ‚Lieber Gott, ich kann einfach nicht mehr!', betete ich. In dieser Nacht tat ich kein Auge zu. Als ich wieder anfing zu beten, kam mir plötzlich der Gedanke, dass ich den Bezug meiner Bettdecke verkaufen konnte. Dafür bekam ich Tee und Kartoffeln, die ich meinen Kindern zu essen geben konnte.

Wieder kam die Nachricht, dass wir von hier weggebracht werden sollten. Mit zwei Kameraden von Gerhard machte ich mich auf den Weg ins Krankenhaus, um Gerhard abzuholen. Doch die Nachtschwester wollte ihn nicht herausgeben. Plötzlich kam eine Frau mit einer Uhr am Arm auf uns zu und gab der Schwester den Befehl, uns das Kind mitzugeben. Als ich mich umschaute, war die Frau verschwunden. Ob sie ein Engel war?

Am nächsten Tag wurden wir in Viehwaggons verladen. Dieses Mal lautete das Ziel Frankfurt/Oder. Dort musste ich Gerhard und seinen kleineren Bruder Arthur ins Krankenhaus bringen. Doch noch in der Nacht wurden wir weiter nach Kronenfelde getrieben. In meiner Verzweiflung bat ich eine Frau aus der Stadt, nach meinen Söhnen zu sehen, die ich im Krankenhaus zurücklassen musste. Drei Wochen später erfuhr ich, dass die Kinder in russischen Händen waren und sie nicht zu ihnen konnte.

Unter großen Schwierigkeiten gelang es mir, in das Krankenhaus zu kommen. Dort erfuhr ich, dass Arthur gestorben war. Nach langer Suche fand ich meinen anderen Sohn in einem anderen Krankenhaus und durfte ihn endlich in die Arme schließen. ‚Mama, wo warst du so lange?', begrüßte er mich. ‚Arthur ist schon lange tot und du bist nicht gekommen. Er hat immer nach dir gerufen!' Gerhard war immer noch krank, aber der Arzt machte es möglich, dass ich ihn mitnehmen und in ein Krankenhaus in meiner Nähe bringen konnte. Sechs Wochen später machten wir uns auf den Weg in den Westen, wo bereits mein Sohn Leopold und meine Tochter Klara auf uns warteten.

So hat mein Heiland mich durch alle Stürme, durch Leid und

Hunger hindurchgeführt. Dafür will ich ihm ewig dankbar sein. In allem gebe ich Gott die Ehre und den Dank. Gott ist groß!"

Hier endet der Bericht meiner Großmutter. Inzwischen darf sie den schauen, dem sie ihr Leben lang vertraut hat. Am 27. Januar 1995 ist sie in Gottes Frieden heimgegangen.

Von Rebellen umzingelt
SHARON MUMPER

Etwa zehn in Jeans gekleidete junge Männer tummelten sich draußen vor einer Art Lagerhalle. Sie starrten mich düster an, als ich an ihnen vorbeieilte. Mein Ziel war der Strand, der sich angeblich am Ende dieser einsamen Landstraße in Davao befand, einer Stadt an der Landzunge einer philippinischen Insel. Davao war in den Kämpfen zwischen der Armee, einigen muslimischen Gruppierungen und kommunistischen Rebellen zwischen die Fronten geraten. Da die Stadt von rebellischen Enklaven umzingelt war, konnte sie nur noch auf dem Luftweg sicher erreicht werden. Wenige Tage zuvor war ich hierher geflogen, um einige Interviews für eine neue Artikelserie über die christliche Kirche auf den Philippinen durchzuführen. Während meines Aufenthalts wohnte ich im Gästehaus einer Mission, die von Mitarbeitern der „Overseas Missionary Fellowship" betreut wurde.

Hinter den hohen Mauern und Eisengittern des Gästehauses kam ich mir vor wie eingesperrt, deshalb hatte ich mich nach der Möglichkeit erkundigt, einen Spaziergang zu machen. In der Stadt munkelten die Leute über die Gefahren, die außerhalb der Stadtgrenze lauerten – darum war ich überrascht, als der Hauswart mir versicherte, ich könne gefahrlos spazieren gehen. Er erklärte mir den Weg hinunter zum Strand.

Am Meer angekommen, hatte ich die eiskalten Blicke der jungen Männer rasch vergessen. Ich beobachtete einen großen Frachter, der sanft auf den Wellen schaukelte. Etwa ein Dutzend Männer und mehrere Frauen standen bis zur Taille im Wasser und zogen Kisten vom Frachter, die sie an den Strand trugen. „Was für eine ungewöhnliche Art, ein Schiff zu entladen", dachte ich. Das war sicher eine Aufnahme wert. Doch als ich meine Kamera hervorholte, hörte das Treiben schlagartig auf, und alle, die im Wasser standen, drehten mir den Rücken zu. Sie sahen in den Himmel, zum Strand oder sonst wohin, nur mich und den Frachter, der wenige Meter entfernt vor Anker lag, blickten sie nicht an.

Der Strand war schmutzig und voller Abfall, und die Leute schauten misstrauisch vor sich hin; deshalb verlor ich nach einigen Augenblicken das Interesse, packte meine Kamera wieder ein und beschloss umzukehren.

Während ich an den leeren Feldern vorbeiging, wurde mir immer mehr bewusst, wie öde und einsam die Straße war. Ich beschleunigte meine Schritte, um rasch wieder in die Sicherheit des Gästehauses zu gelangen. Plötzlich tauchte ein Mann auf einem der Felder auf. Er begann sich auszuziehen und kam auf mich zu. Ich fing an zu laufen, aber als ich um die nächste Kurve bog, die zur Lagerhalle führte, blieb ich wie angewurzelt stehen. Vor mir sah ich wieder das flache, fensterlose Gebäude und die zerlumpten jungen Männer. Aber nun lehnten sie nicht mehr Zigaretten rauchend an der Mauer. Ein Mann an der Tür reichte Kalaschnikow-Gewehre heraus, während die anderen sich hastig die roten Stirnbänder der marxistischen Guerilla-Rebellen umbanden.

Ich war wie gelähmt. Ich konnte weder vor noch zurück. Es gab keine Seitenstraßen oder Pfade, nur diese eine Straße führte in die relative Sicherheit der Vororte und des Gästehauses. Also musste ich weitergehen. „Herr", betete ich, „bitte mache die Augen dieser Rebellen blind, damit sie mich nicht sehen."

Während ich unaufhörlich mit Gott redete, ging ich zügig weiter, den Blick starr nach vorn gerichtet. Als ich am Lagerhaus vorbeikam, hörte ich die murmelnden Stimmen der Männer und ihr hastiges Treiben. Doch niemand schien meine Anwesenheit zu bemerken, obwohl ich mich nur wenige Meter entfernt direkt in ihrem Blickfeld befand. Vier oder fünf Minuten später erreichte ich eine einsame Querstraße und winkte erleichtert ein vereinzeltes Fahrradtaxi heran, das sich der Kreuzung näherte. Ich stieg ein und beschrieb den Weg zu einer Straße, die wenige Häuserblocks vom Gästehaus entfernt lag.

Nach der Ankunft im Gästehaus hörten die erschrockenen Mitarbeiter der Mission sich meine Geschichte an. Sie hatten sich schon Sorgen gemacht, nachdem der Hauswart ihnen berichtet hatte, dass ich spazieren gegangen war. Aber als ich ihnen nun die Szene am Strand schilderte, waren sie entsetzt. Dort würden keine Frachter vor Anker gehen, erklärten sie. Wenn dort ein Schiff lag, musste es sich um Schmuggel handeln, wahrscheinlich mit Waffen.

Noch für den selben Nachmittag war mein Rückflug gebucht, und die einheimischen Christen, mit denen ich später an diesem Vormittag sprach, rieten mir dringend, die Maschine nicht zu versäumen. Ich muss zugeben, dass ich erleichtert war, als ich schließlich in das Flugzeug nach Manila stieg.

Ich bin überzeugt, dass Gott mein Gebet erhört hat, sodass die Rebellenkämpfer mich nicht sahen oder meine Anwesenheit aus wenigen Metern Entfernung nicht bemerkten. Doch nicht alle Gebete um solch ein Wunder der Bewahrung werden von Gott erhört. Weniger als ein Jahr später wurde in Davao eine junge Missionarin von Rebellen in ihrem eigenen Haus ermordet. Bestimmt hat auch sie um Bewahrung gebetet. Mindestens zweimal sandte Gott einen Engel, um Petrus durch ein Wunder aus dem Gefängnis zu befreien. Aber die Geschichte berichtet, dass Petrus später als Märtyrer starb.

Wie der Psalmist David, der Gott immer wieder um Bewahrung anflehte, können auch wir den anrufen, der versprochen hat, im

Tal der Todesschatten bei uns zu bleiben – sei es, um uns zu befreien oder um uns zur anderen Seite hinüber zu begleiten. Ich weiß nicht, was mir die Zukunft bringen wird, aber wie es in einem bekannten Lied heißt, kenne ich den, der mich an der Hand hält. Und ich bin gewiss, dass er bei mir sein wird, wohin ich auch gehe. Selbst im Tal der Todesschatten werde ich ihn an meiner Seite finden.

Kinder – ein Geschenk des Lebens

In den Augen der Kinder leuchtet das Wunder des Lebens. Die Kleinen sind eine kostbare Gabe, Hoffnungsträger für die Zukunft und unserer Verantwortung anvertraut. Wie wertvolle Edelsteine werden sie in die Schatzkammer der Familie gelegt – sei es die natürliche Familie oder eine, die heimatlosen „Schätzen" ein Zuhause gibt.

Abenteuer Kinderkriegen

ULRIKE HERRMANN

Im Mai machte ich mit meinem Mann und unseren zwei kleinen Töchtern Urlaub am Gardasee. Unser drittes Kind war gerade „unterwegs". Was konnte ich mir Schöneres wünschen? Doch ein paar Tage nach unserer Ankunft platzte um vier Uhr in der Nacht meine Fruchtblase – und das in der 23. Woche! Als mir langsam dämmerte, was passiert war, zitterte ich am ganzen Körper. Meine Gedanken rasten: Fremdes Land! Italienisches Krankenhaus! Was sollte mit unseren kleinen Mädchen geschehen? Wie würde ich zurück nach Deutschland kommen? Frühgeburt! Totes Baby!

Nachdem ich meinen Mann geweckt hatte, stürzte ich ins Badezimmer und übergab mich. Die Panik hatte mich ergriffen! Noch in derselben Nacht rief mein Mann in Deutschland an und bat dringend um Gebet. Von da an flehten unsere Familien und Freunde Gott um seine Hilfe an.

Ich musste sofort ins Krankenhaus. Dort angekommen erwarteten uns zwei aufregende Neuigkeiten. Eine Gute: Das Baby in mir lebte! Und eine schlechte: Ich war medizinisch ein hoffnungsvoller Fall! Die italienischen Ärzte erklärten uns, dass eine gesprungene Fruchtblase unmöglich wieder „geflickt" werden könne. Im Idealfall würde sie sich von selbst wieder „verkleben". Doch das tat sie nicht! Stattdessen verlor ich Tag und Nacht unaufhörlich Fruchtwasser. Auch der Ultraschallbefund war deprimierend: „Pocco! Pocco!" Wenig! Wenig!

Mutig bat ich den erfahrenen Chefarzt um eine klare Antwort: „Haben Sie es in Ihrer gesamten Berufspraxis jemals erlebt, dass ein Baby unter solchen Bedingungen überlebt hat?" Er schüttelte den Kopf: „No, Signora." So warteten wir jeden Augenblick auf die einsetzenden Wehen. Dann würde mein Körper unser Baby ausstoßen – vielleicht noch lebend, aber nur kurze Augenblicke danach würde es sterben.

Bis dahin bestand meine Therapie aus strikter Bettruhe, starken Beruhigungsmitteln und Antibiotika. Verzweifelt flehte ich zu Gott: „Herr, bitte verrate mir wenigstens den Ausgang dieser Situation. Dann kann sich mein Herz darauf vorbereiten! Diese Ungewissheit ist zu schwer zu ertragen!" Und tatsächlich, Gott erhörte mich und antwortete mir. Nicht als Donnerstimme vom Himmel, nicht in einem spektakulären Traum, nein, ganz leise, aber sehr eindringlich – durch einen Blumenstrauß!

Am zweiten Tag brachte mein Mann mir einen wunderschönen Blumenstrauß ins Krankenhaus: zwei feuerrote Gladiolen und drei dunkelblaue Iris, eingerahmt von vielen weißen Blüten, die ich nicht kannte. Die Blumen standen einen ganzen Tag lang auf dem Tisch am Fußende meines Bettes. Was für eine Freude und Wohltat! Nach einer schlaflosen Nacht sprach Gott dann klar und liebevoll in mein verzagtes Herz: „Schau dir diesen Strauß ganz genau an. Ich will dir damit etwas zusagen: Ihr werdet drei Kinder haben! Die zwei roten Gladiolen symbolisieren deinen Mann und dich, die drei blauen Iris eure drei Kinder. Ja, ihr werdet drei Kinder haben!" Aufgeregt fragte ich: „Ja, aber was bedeuten die weißen Blüten, die ich nicht kenne?" „Sie stehen für meine Engel, die eure kleine Familie bewahren werden." „Danke, Herr!", jubelte mein Herz. „Ja, ich will dir glauben! Bei dir ist nichts unmöglich. Du hast deinem Volk in der Wüste sogar aus einem Felsen Wasser gegeben – eins von deinen herrlichen Wundern! So kannst du auch in mir täglich so viel Fruchtwasser erzeugen, dass mein Baby niemals Mangel leidet und wachsen und überleben kann."

Nun wollte (und musste) ich unbedingt nach Deutschland zurück. Das bedeutete allerdings, allein mit dem Flugzeug unterwegs zu sein, und zwar auf eigene Verantwortung, denn weder der Arzt noch die Fluggesellschaft wollten die Verantwortung für mich übernehmen. Kein Wunder, denn das Risiko einer solchen Reise in meinem Zustand war einfach viel zu groß! Auf mich wartete eine Autofahrt nach Mailand, ein Flug von Mailand nach

Frankfurt, das Umsteigen mit langen Fußwegen zum nächsten Flugsteig, und schließlich ein zweiter Flug von Frankfurt nach Hannover sowie eine Autofahrt nach Braunschweig. Mit strikter Bettruhe hatte das nichts mehr zu tun!

Nur eine federleichte Plastiktüte für das Allernötigste durfte ich auf meine Reise mitnehmen. Darin befand sich mein treuer „Flugbegleiter" – ein Losungsbüchlein. Die Losung für diesen Tag war ganz speziell für mich, und ich verschlang sie immer wieder: „… in seiner Hand ist die Seele von allem, was lebt …" (Hiob 12,10). Das galt auch für mein Baby, denn es lebte ja in mir! Ebenso wurde mir der folgende Liedvers zum Trost: „Du bist gehalten von Gottes Hand. Sein Wort ist Felsen, nicht trügerischer Sand. Glaub ihm entgegen, er wartet darauf. Du bist gehalten, Gott gibt dich nicht auf."

Während des gesamten Fluges empfand ich einen fast überirdischen Frieden. Mir war, als ob in dem großen Airbus starke Engel auf den freien Plätzen neben mir sitzen würden. Völlig wohlbehalten kam ich in Hannover an. Am Flughafen holte mich ein Krankenwagen direkt auf dem Rollfeld ab. Zum Erstaunen der Hebamme verließ ich das Flugzeug zu Fuß. Sie hatte befürchtet, dass ich mein Baby während des Flugs entbinden und nun tot mitbringen würde.

Der Chefarzt im deutschen Krankenhaus begrüßte mich schonungslos ehrlich: „Frau Herrmann, machen Sie sich überhaupt keine Hoffnungen. Sie können dieses Kind nicht lebensfähig zur Welt bringen. Wir geben Ihnen Beruhigungsmittel und Antibiotika. Außerdem gilt absolute Bettruhe. Mehr können wir leider nicht für Sie tun!" Aber lauter als diese traurige Prognose hörte ich in meinem Herzen Gottes Zusage: „Ihr werdet drei Kinder haben." Dafür musste Gott allerdings ein weiteres Wunder tun! Und das wollte ich lieber zu Hause im eigenen Bett „ausbrüten", im Kreis meiner Lieben – meinem Mann, unseren Töchtern, meiner Mutter, die uns versorgte, und einer Freundin, die Hebamme war und zwei Häuser weiter wohnte.

„Herr, wie wäre es mit einem Sieben-Monats-Kind? Das hätte doch gute Chancen!", bat ich Gott in den folgenden dreizehn Wochen öfter im Gebet. Und tatsächlich, nach drei Monaten „Brüten" und kontinuierlichem Fruchtwasserverlust fing es in meinem Bauch an zu rumpeln: ein Junge von vier Pfund wollte raus. Er war nicht größer als zwei Hände voll!

Dieser buchstäblich „wunderbare" Sohn ist inzwischen 23 Jahre alt, ein Meter und 86 Zentimeter groß, studiert Informatik und liebt seine Eltern und Gott von ganzem Herzen! Immer wieder erzählen wir ihm von dem abenteuerlichen Beginn seines Lebens. So kann er niemals daran zweifeln, dass sein himmlischer Vater ihn „unter allen Umständen" und gegen alle ärztliche Prognosen auf dieser Welt haben wollte und eine ganz besondere Absicht mit seinem Leben hat.

Nie ein Kind zur Welt gebracht, doch Tausende nannten sie »Mama«

Lillian war 23 Jahre alt und arbeitete in einem christlichen Waisenhaus, als sie den starken Wunsch verspürte, als Missionarin nach Afrika zu gehen. Dieser Ruf traf sie zu einem Zeitpunkt, als sie bereits verlobt war. Ihr selbst genähtes weißes Hochzeitskleid hing fertig im Schrank. Zehn Tage vor der Hochzeit übergab Lillian ihr Leben erneut an Gott. Jetzt konnte sie nicht mehr anders, als ja dazu zu sagen, dass Gott sie als Missionarin nach Afrika rief.

Sie bat ihren Verlobten, sich mit ihr an einer kleinen Brücke außerhalb der Stadt zu treffen. Schließlich erklärte Lillian ihrem Bräutigam, dass sie ihn nicht heiraten könne: „Gott hat mich in die Mission gerufen, und ich kann es ihm nicht abschlagen." Der junge Mann erwiderte: „Ich werde auf dich warten, Lillian. Ein Jahr, zwei Jahre – wenn es sein muss, auch länger. Ich liebe dich doch!" Bittend sah er sie mit seinen großen grauen Augen an. Lillian antwortete sanft: „Was kann ich in ein oder zwei Jahren in Afrika schon tun?" Leise setzte sie hinzu: „Oder auch in drei oder vier Jahren?" Sie schüttelte traurig den Kopf. „Nein, wir müssen uns trennen. Jetzt – und für immer."

Als die Angehörigen der jungen Frau erfuhren, dass sie die Hochzeit abgesagt hatte, erklärten sie Lillian für verrückt. „Wie willst du denn überhaupt auf diesen fremden Kontinent kommen?", fragte man sie. „Mit dem wenigen Geld, das du hast?"

Doch Lillian machte sich auf den Weg. Jemand hatte ihr die Adresse einer Familie gegeben, bei der sie gleich freundlich aufgenommen wurde. Zu dieser Zeit war gerade ein Missionar aus Assiut in Ägypten bei der Familie zu Gast. Mit Interesse hörte er sich die Geschichte der jungen Frau an, die so fest entschlossen war, als Missionarin nach Afrika zu gehen. Er machte ihr Mut zu diesem Schritt und fragte neugierig: „Mit welcher Missionsgesellschaft reisen Sie denn?" „Mit keiner." „Welche Gemeinde steht dann hinter Ihnen?" „Ich habe keine." „Nanu, schickt Ihre Familie Sie etwa dorthin?" „Nein, sie sind alle dagegen." „Und wie viel Geld besitzen Sie?" Lillian erwiderte, sie habe nur noch einen Dollar.

Allen, die um den Tisch saßen, stockte beinahe der Atem. Der Missionar riet ihr, unverzüglich nach Hause zurückzukehren. Doch als er Lillians Entschlossenheit bemerkte, war er so beeindruckt, dass er sie einlud, nach Assiut in Ägypten zu kommen. Lillian wurde schlagartig klar, dass Ägypten in Afrika lag, dem Kontinent ihrer Berufung, und nahm die Einladung dankbar an. Ohne jede feste Zusage für ihren Lebensunterhalt bestieg sie das Schiff. Kurz nachdem die Fahrt begonnen hatte, schlug ein mitreisender Christ vor, in der Bibel nach einer Ermutigung von Gott zu suchen.

Lillian öffnete ihre Bibel, und ihr erster Blick fiel auf Apostelgeschichte 7,34: „Ich habe gesehen das Leiden meines Volkes, das in Ägypten ist, und habe sein Seufzen gehört und bin herabgekommen, es zu erretten. Und nun komm her, ich will dich nach Ägypten senden."

Am 11. Oktober 1910 betrat Lillian zum ersten Mal ägyptischen Boden. Drei Monate nach ihrer Ankunft in Assiut wurde sie eines Abends zu einer kleinen, verfallenen Lehmhütte gerufen. Eine junge Mutter, gerade fünfzehn Jahre alt, lag sterbend auf einem ärmlichen Strohlager. Sie bat Lillian, ihr drei Monate altes Baby zu sich zu nehmen. Die Kleidung, die das Kind trug, war zerrissen und lange Zeit nicht gewechselt worden – der Gestank war fürchterlich. Die Mutter hatte keine Milch für ihr Baby, das bereits bis zum Skelett abgemagert war. Das Einzige, was sie ihm geben konnte, war ein bisschen schmutzig-grüne, zähflüssige Milch aus einer Tasse. Lillian hielt dieses Kind in ihren Armen. Sie musste versprechen, sich um das kleine Mädchen zu kümmern.

Die junge Missionarin nahm das Baby mit sich, denn sie wusste, dass man es sonst in den Nil werfen würde. Sie brachte es ins Missionarshaus und fing an, ihm mit einer Pipette Milch einzuflößen. Zehn Tage lang schrie das kleine Wesen ununterbrochen – bis die anderen Missionare, die Tag und Nacht keine Ruhe fanden, verlangten, Lillian solle das Kind wieder abgeben. Doch sie antwortete: „Das kann ich nicht. Gott hat mir dieses kleine Mädchen gegeben, und ich muss mich um sie kümmern. Außerdem will er, dass ich hier ein Waisenhaus gründe." „Das Baby kann auf keinen Fall hier bleiben", lautete die entschiedene Antwort. „Wenn du es behalten willst, musst du dieses Haus verlassen." Zugleich warnte man sie vor den Gefahren, denen ein junges Mädchen ausgesetzt sei, das als Alleinstehende unter Arabern wohne. Aber Lillian ließ sich nicht entmutigen. Sie fand ein Haus, das sie mieten konnte, nahm ihr letztes Geld und zog mit dem Baby dort ein. Innerhalb kürzester Zeit schickte Gott ihr weitere Waisenkinder.

Bis zum Lebensende von Lillian Trasher haben sie neuntausend Kinder „Mama" genannt. Seit ihrem Tod 1961 konnten weitere zehntausend Kinder in ihrem Waisenhaus, dem „Lillian Trasher Orphanage", eine Zuflucht finden.

»Was habe ich falsch gemacht?«

RUTH IMHOF-MOSER

Lange Zeit saß sie mir nachdenklich gegenüber. Wie hatte es nur so weit kommen können? Lea kannte sich als Frau, die Probleme anpackte, die die Dinge im Griff hatte, die immer eine Lösung fand. Und nun saß sie verzweifelt in meinem Wohnzimmer und wusste nicht mehr weiter. Jeder Lösungsansatz schien aussichtslos. In ihrem Inneren fand sie nur noch Verzweiflung, Angst und Wut.

Der Grund dafür lag in den Schwierigkeiten, die Lea mit ihrer ältesten Tochter hatte. Sie hatte versucht, mit ihren Pubertätsproblemen fertig zu werden, ihre Aggressionen zu dämpfen und ihre Verweigerung zu durchbrechen. Aber alles war fehlgeschlagen. Lea konnte die Drohungen und Beschimpfungen ihrer Tochter nicht mehr ertragen. Schon machten sich psychosomatische Störungen bemerkbar. Zum ersten Mal in ihrem Leben fühlte sich Lea am Ende ihrer Kräfte und wusste keinen Ausweg mehr.

„Hat Gott mich verlassen?", fragte sie sich. „Was habe ich falsch gemacht?" War es etwa nicht Gottes Plan gewesen, dass sie und ihr Mann drei Kinder aufnahmen, wie sie es vor zehn Jahren gedacht hatten? War die Adoption der ältesten Tochter ein Fehlschlag gewesen? Viele Fragen brodelten in Leas Inneren.

Ich merkte, dass alle gut gemeinten Ratschläge nicht fruchteten. So viel hatte Lea schon versucht, und doch war nichts davon gelungen. Schließlich legten wir im Gebet unsere Ratlosigkeit und Verzweiflung vor Gott. Lea übergab ihm ihre Tochter, und wir baten ihn, die Verantwortung für sie zu übernehmen. Nach diesem Gebet stellte sich bei Lea eine große Erleichterung, ein starkes Gefühl der Entlastung ein. Ein tiefer Friede begann sich Platz zu verschaffen. Endlich konnte sie loslassen.

Und tatsächlich, in den drei Jahren seit diesem Gespräch hat sich vieles verändert. Zwar mussten die Eltern ihre Tochter auch räumlich loslassen, doch damit begann ein neuer Prozess in der Lebensschule Gottes, der vor allem darin bestand, ihm in den unterschiedlichsten Situationen zu vertrauen. In dieser Zeit schenkte Gott immer wieder Lösungen, auch wenn sie oft erst im letzten Moment sichtbar wurden. Auch gab er den Eltern die Kraft, Verletzungen auszuhalten und ihre Tochter trotz allem anzunehmen.

Im Rückblick kann Lea auf diesem Weg überall Spuren der Liebe Gottes sehen. Ihr Vertrauen, dass er letztlich alles in seiner Hand hat, ist gewachsen. Sie durfte erleben, wie ihr Kind allmählich den Weg zurück in die Familie und auch ins Leben gefunden hat.

Nicht immer fühlte sich Lea in dieser Zeit von ihren Freunden und Bekannten verstanden. Dass sie ihre Tochter aus dem Haus gewiesen und in einer eigenen Wohnung untergebracht hat, war für viele nicht nachvollziehbar. Auf der anderen Seite konnte Lea aber auch die Erfahrung machen, dass zuverlässige Freunde sie auf diesem schwierigen Weg begleiteten.

Durch die Erfahrungen mit ihrer Tochter hat Lea neu gelernt, immer wieder loszulassen und Gottes Wunder als einen Weg der kleinen Schritte zu begreifen. Die Worte Jesu: „Alle eure Sorge werft auf ihn; denn er sorgt für euch" (1. Petrus 5,7) haben für sie eine neue Bedeutung gewonnen.

Wer Jesus hat, der hat das Leben

LOTTE BORMUTH

Eine Mutter erzählt: „Wir sind eine große Familie mit sechs Kindern. Wenn wir Geburtsanzeigen verschickten, konnten wir fast immer schreiben: ‚Unser diesjähriges Kind heißt Michael, unser diesjähriges Kind heißt Elisabeth, unser diesjähriges Kind heißt Joachim ...'

Am 23. Mai 1987, einem Samstag, kam plötzlich die Angst in unser Leben. Ich wurde auf die Straße gerufen. Kaum war ich ein paar Schritte gegangen, kam mir unser jüngster Sohn schon entgegen. Jetzt sah ich, wie vor einem Haus mehrere Menschen zusammenliefen. Meine Schwiegermutter löste sich aus der Menge und kam schluchzend und weinend auf mich zu: ‚Lilli, Lilli, komm schnell! Johannes liegt auf der Straße und stirbt!'

Da lag unser Sohn auf dem kalten, schmutzigen, grauen Pflaster. Einige Autos standen kreuz und quer um ihn herum. Schnell kniete ich mich zu Johannes hinunter. Er weinte und wimmerte leise vor sich hin. Ich konnte die Situation nicht gleich erfassen. Aber da ich Ärztin bin, sah ich, dass Johannes lebensgefährlich verletzt war. Mit einem Kettcar war er eine steile Straße hinuntergefahren und geradewegs unter ein Auto gerast. Besonders sein Kopf war übel mitgenommen.

Die Polizei und der Notarzt trafen ein. Johannes war nicht mehr ansprechbar. Unser Sohn wurde notdürftig versorgt und dann mit Blaulicht abtransportiert. Ich stieg mit in den Sanitätswagen ein. Nachdem der Junge im Krankenhaus gründlich untersucht worden war, bat mich die Ärztin zu sich. Sie eröffnete mir, dass sie die Verantwortung für unser Kind nicht übernehmen könne. Johannes müsse sofort nach Hamburg in die Kinderklinik gebracht werden. Mir wurde immer elender zumute. Unser Sohn war jetzt bewusstlos, und ich hielt es für möglich, dass er an inneren Blutungen litt.

Es folgten bange Minuten und Stunden. Der Hubschrauber kam und kam nicht. Ein zweiter wurde aus Bremen geordert. Es schien eine Ewigkeit zu dauern, und wertvolle Zeit verstrich. Währenddessen saß ich auf einem Stuhl in der Intensivstation und hörte die Geräusche der Apparaturen. Ich fühlte mich machtlos. In dieser Lage ließ ich all mein Wissen als Ärztin fallen. Es gab nichts, aber auch gar nichts, was ich für meinen Sohn tun konnte. Zwei bange Stunden lang zog sich das Warten hin. Die behandelnden Ärzte wurden immer aufgeregter. Ich saß still da und dachte: ‚Wenn Johannes stirbt, dann ist er bei Gott. Aber wenn Gott will, kann er uns dieses Kind erhalten.'

Inzwischen war mein Mann aus Göttingen eingetroffen. Auch er ist Arzt. Aber das ständige Piepen auf der Intensivstation setzte ihm so sehr zu, dass er nach Hause gehen musste. Es ist einfach ein Unterschied, ob das eigene Kind oder ein fremder Patient vor einem liegt. Vielleicht war es auch gut, dass mein Mann zu unseren fünf Kindern eilte, denn als er nach Hause kam, saßen sie ganz verstört auf ihren Betten.

Nachdem Johannes endlich mit dem Hubschrauber abtransportiert worden war, ließ ich mich mit einem Taxi nach Hause fahren. Mein Mann rief mich ins Wohnzimmer. ‚Komm, Lilli, setz dich erst einmal', forderte er mich auf. ‚Ich will dir etwas vorlesen.' Dann zitierte er: ‚Mein Kind, willst du Gottes Diener sein, so bereite dich auf Anfechtung vor. Mache dein Herz bereit und steh fest und wanke nicht, wenn sie über dich kommt. Halt dich an Gott und weiche nicht, damit du am Ende erhöht wirst. Alles, was dir widerfährt, das nimm auf dich, und sei geduldig bei jeder neuen Demütigung. Denn wie das Gold durchs Feuer, so werden auch, die Gott gefallen, durchs Feuer der Trübsal erprobt. Vertraue Gott, so wird er sich deiner annehmen; geh gerade Wege und hoffe auf ihn! Die ihr den Herrn fürchtet, vertraut ihm, und euer Lohn wird nicht verloren gehen. Die ihr den Herrn fürchtet, hofft das Beste von ihm, hofft auf ewige Freude und Gnade. Die ihr den Herrn fürchtet, wartet auf seine Gnade und weicht nicht, damit ihr nicht zugrunde geht. Blickt auf die früheren Geschlechter und besinnt euch: Wer ist jemals zuschanden geworden, der auf den Herrn gehofft hat? Wer ist jemals verlassen worden, der in der Furcht Gottes geblieben ist? Oder wer ist jemals von ihm übersehen worden, der ihn angerufen hat? Denn der Herr ist gnädig und barmherzig und vergibt Sünden und hilft in der Not' (Jesus Sirach 2,1-13).

Diese Worte aus den Apokryphen trösteten mich sehr. Noch in der Nacht erfuhren wir, dass Johannes keine innere Blutungen hatte. Aber er blieb bewusstlos. In der folgenden Zeit begann mich die Angst vor dem Tod zu beherrschen. Johannes war schon mehrere Tage bewusstlos, und wir wussten nicht, wann er wieder zu sich kommen würde. Welche Schäden würden zurückbleiben, wenn er den Unfall überlebte?

In dieser Situation war ich sehr hungrig nach einem Wort von Gott. Als ich wieder einmal am Bahnhof stand, um ins Krankenhaus nach Hamburg zu fahren, entdeckte ich einen Satz, der neben den Abfahrtstafeln der Züge hing: ‚Wer Jesus hat, der hat das Leben.' Auf der Fahrt sann ich über diesen Vers nach. Wie konnte ich Jesus ergreifen? Gerne wollte ich die Zusage für mich persönlich in Anspruch nehmen. Da wurde ich daran erinnert, dass in der Bibel davon berichtet wird, wie Jesus vor seinem Tod noch ein letztes Mal mit seinen Jüngern zusammen aß. Dort heißt es: ‚Nehmt und esst, das ist mein Leib' (Matthäus 26,26).

Im Krankenhaus wandte ich mich an den Pastor, der dort als Seelsorger tätig war, und ließ mir von ihm das Abendmahl reichen. Er gab mir Brot und Wein, und ich empfing wieder Kraft, um am Bett meines schwerkranken Kindes auszuharren. Nun klammerte ich mich nicht mehr an das Leben meines Sohnes, sondern an Jesus selbst. Ich wusste: Johannes und wir sind in seiner allmächtigen Hand. Die Sorgen um mein Kind durften mein Vertrauen zu Gott nicht ersticken.

Nach fünf Tagen konnte Johannes wieder selbstständig atmen, aber noch immer war er nicht bei Bewusstsein. Dann kam der

Tag, den ich nie vergessen werde. Unser Sohn öffnete die Augen und flüsterte: ‚Mama, wo sind meine Brüder? Mama, wo ist Elisabeth?' Es war ergreifend für mich zu sehen, wie sehr sich Johannes mit seinen Geschwistern verbunden wusste. Seine ersten Worte galten ihnen.

Als Familie sind wir sehr glücklich über die Heilung von Johannes. Das Bibelwort hat sich bestätigt: ‚Wer Jesus hat, der hat das Leben.' Ja, wir haben ein Wunder erlebt!"

»Ich war's!«

ELISABETH BÄR

Der Gong kündigte die nächste Unterrichtsstunde an: Religion in der zweiten Klasse. Ich konnte einen tiefen Seufzer nicht unterdrücken. Was würde heute wieder geboten werden? Konnte ich mit der Erzählung über das Passionsgeschehen fortfahren, oder würde Arno alles boykottieren?

Arno! Ob ich mit seinen provokativen Störaktionen bis zum Ende des Schuljahres fertig werden würde, ohne seinen lauernden Eltern Anlass zum Aufstand zu liefern? Ihre entschuldigende Haltung gegenüber den Unarten ihre Sohnes und ihre negative Einstellung zur Schule waren mir aus hitzigen Debatten in sehr unangenehmer Erinnerung.

Mit dem Unbehagen dieser Erfahrungen und einem Stoßgebet betrat ich das Klassenzimmer. Aufruhr! 22 Kinder tobten und kämpften miteinander, und über den Fußboden ergoss sich eine beträchtliche Kakaopfütze. Mein Erscheinen löste keinerlei Veränderung aus. Was tun? In das Gemenge stürzen und die Kampfhähne auseinander zerren? Mich heiser brüllen? Schimpfen? Nein, ich musste die Urheber herausfinden! Aber wie? Keiner hätte es zugegeben. Am wenigsten der, den ich am meisten verdächtigte. Also kollektiv bestrafen und das Aufräumen den Gutmütigen überlassen?

Da, fast überhörbar, aber doch nicht zu leugnen, ein feiner leiser Impuls aus dem Hinterstübchen meiner Gedanken: „Mach's selbst!" Wie? Ich sollte das braune Nass selbst aufwischen? Das entsprach meinen pädagogischen Grundsätzen aber ganz und gar nicht. Und was wäre damit gewonnen? Höchstens eine Steigerung der Unachtsamkeiten. Trotzdem ließ ich mich dazu bewegen – vermutlich aus reiner Hilflosigkeit, jedoch nicht aus Überzeugung.

Der nächste Raufbold, den ich greifen konnte, musste das Putzzeug herbei schaffen. Ich machte mich an die Arbeit. Das Gekreische und Gerangel der Kinder ging weiter, doch zu meiner Überraschung nicht mehr lange. Der Lärm verebbte, und mit scheuen Blicken in meine Richtung schlich sich ein Zweitklässler nach dem andern auf seinen Platz.

„Wisst ihr, warum ich das mache?", fragte ich in die merkwürdig gespannte Stille hinein. Verlegenes Schweigen. Schließlich wagte es Thomas: „Sie haben uns doch erzählt, dass Jesus auch Drecksarbeit für seine Freunde geleistet hat. Damals, als er ihre staubigen Füße wusch."

Dass noch Spuren von vergangenen Religionsstunden vorhanden waren, tat mir wohl. Ich setzte meine Reinigungsaktion fort. Erneute Stille. Ganz hinten in der letzten Reihe schnellte ein Finger empor. Der Schüler sprang auf. „Frau Bär, ich war's!", rief er, rannte auf mich zu und entriss mir den Putzlappen. Ich traute meinen Augen nicht: Vor mir kniete kein anderer als Arno. Mit unbeholfenen Handgriffen, aber so gut wie es ihm möglich war, führte er die „Drecksarbeit" ungefragt zu Ende.

Neun Jahre »Schwangerschaft«

INGE KUNZ

Mein Mann und ich stehen in einem Waisenhaus in Rumänien. Unser Herz schlägt bis zum Hals. Neun Jahre, in denen wir viel gebetet haben, liegen hinter uns. Wie oft haben wir Gott gefragt, ob wir ein Kind adoptieren sollen oder ob er einen anderen Weg für unser Leben hat!

Als uns nach zahlreichen Arztbesuchen und Krankenhausaufenthalten mitgeteilt wurde, dass wir keine leiblichen Kindern bekommen würden, brach für mich eine Welt zusammen. „Warum? Warum nur, Gott?", fragte ich immer wieder. Doch sooft ich auch diese Frage stellte – in meinen Herzen erhielt ich keine Antwort.

Eines Tages wurde mir bewusst, dass wir noch keinen Adoptionsantrag gestellt hatten. Wieso war mir eigentlich nicht gleich der Gedanke gekommen, dass wir uns um ein Adoptivkind bemühen sollten? Mein Mann war sofort einverstanden, und so versuchten wir, über kirchliche Vereine, verschiedene Einrichtungen und Beziehungen ein Baby zu adoptieren. Ungefähr fünf Jahre setzten mein Mann und ich unsere ganze Kraft dafür ein. Wir wurden in lange Wartelisten eingeschrieben, als Nummer 208 oder 436 ... Diese Jahre waren für uns voller Hoffen und Bangen, Warten und Enttäuschtwerden ...

Am 3. Januar 1990 rief dann eine Freundin ganz aufgeregt bei mir an: Das Fernsehen hatte gerade einen Bericht über die schlimme Situation in Rumänien gesendet. Aus einem Heim wurden Kinder zur Adoption nach Frankreich gebracht. Die Leiterin bat um Hilfe und um neue Eltern für die anderen Kinder.

Nun begann für meinen Mann und mich ein Abenteuer. Fast Tag und Nacht arbeiteten wir an den vorgeschriebenen Unterlagen und trafen die nötigen Vorbereitungen. Schließlich machten wir uns auf den Weg nach Rumänien. Durch viele Wirren und fast unüberbrückbare Hindernisse führte Gott uns in diesem Land.

Tief berührt von all dem Leid um uns herum, war es immer und immer wieder mein Gebet, dass Gott uns das Kind zeigen möge, das er uns zugedacht hatte.

Und nun befinden wir uns in diesem großen, kargen, dunklen Raum des Waisenhauses. Alle Kinder haben ein Stück Brot bekommen, damit sie eine Weile ruhig im Kreis sitzen bleiben. Rechts neben mir steht eine große, korpulente Betreuerin. Sie erklärt, dass der kleine Junge an ihrer Hand manchmal ein wenig Bauchweh hat, aber sonst okay ist. Bis dahin habe ich ihn noch gar nicht bemerkt. Mein Mann antwortet: „Das macht nichts, das habe ich auch manchmal." Nun streckt der Kleine seine Ärmchen nach ihm aus und will nicht mehr vom Arm meines Mannes.

Immer wieder fällt mein Blick auf ein kleines Kind ganz hinten in der Ecke. Das Mädchen sieht niemanden von uns an. Ganz fest hält es das Stückchen Brot und lässt es nicht aus dem Blick.

Ein paar Stunden später, als wir über die Situation im Waisenhaus sprechen, können mein Mann und ich uns nur noch schattenhaft an die anderen Kinder erinnern. Doch den kleinen Jungen auf seinem Arm und das Mädchen hinten in der Ecke sehen wir deutlich vor uns. Sind das irgendwelche Kinder? Nein, es sind unsere Kinder! Von Gott für uns ausgesucht!

Was ich nicht einmal zu träumen gewagt hatte, wird am 30. März 1990 Wirklichkeit: Zusammen mit zwei wunderbaren Kindern im Alter von jeweils dreieinhalb Jahren kommen wir aus Rumänien zurück nach Hause. Neun Jahre lang hatte ich die beiden in meinem Herzen getragen und bereits geliebt. Jetzt war die „Schwangerschaft" beendet: Dorina und Tobias waren endlich geboren.

Heute sind die beiden 16 Jahre alt und haben sich bewusst für ein Leben mit Jesus Christus entschieden. Dankbaren Herzens gehen wir gemeinsam weiter auf unserem Weg zum Himmel.

Trost und Ermutigung

Ein kleiner Kummer sehnt sich ebenso nach Trost wie ein großer Schmerz. Wer über die Widrigkeiten des Alltags gestolpert ist, braucht ebenso Ermutigung wie der, dessen Leben in Scherben liegt. Im Tal der Niedergeschlagenheit und im Nebel der Angst streckt sich uns die Hand Gottes entgegen. Wer sie ergreift, wird erleben, wie sein Herz zur Ruhe kommt.

Federn für Christl

PRISCILLA LARSON

"Mutti, ich weiß noch gar nicht, ob wir wirklich kommen sollen." Die sonst so fröhliche Stimme meiner Tochter klang niedergeschlagen, als wir am Telefon über den geplanten Besuch sprachen. "Ich fürchte, es wird abends nicht gerade angenehm sein. Christl kommt in letzter Zeit kaum zur Ruhe. Einer von uns beiden muss sich immer mit ihr hinlegen, und wehe, wir stehen auf, bevor sie eingeschlafen ist! Meistens ist sie noch wach, wenn wir ins Bett gehen, und es ist ihr gar nicht recht, wenn wir uns dann ins Schlafzimmer zurückziehen. Sie fühlt sich allein gelassen und hat fürchterliche Angst, wenn es im Haus dunkel und still ist."

"Hat Christl vor etwas Bestimmtem Angst?", erkundigte ich mich. "Sie hat vor allem Angst! Sie hat Angst, dass der Schulbusfahrer vergisst, sie mitzunehmen. Sie hat Angst vor den Hausaufgaben. Sie hat Angst, wenn ich mal etwas besorgen muss und sie allein zu Hause lasse. Sie hat Angst vor der Dunkelheit und vor bösen Kindern auf dem Spielplatz."

Ich war irritiert. Natürlich wollte ich meiner Tochter helfen. "Das tut mir aber Leid. Ich weiß ja, wie viel du dich mit Christl beschäftigst. Du liest ihr vor, betest und singst mit ihr. Weißt du was? Ihr kommt trotzdem! Ich werde abends meine ‚Großmutterpflichten' bei ihr erfüllen, und ihr beide habt ein bisschen Ruhe."

Nach diesem Gespräch hatte ich eine Woche Zeit, um nachzudenken und zu beten, wie ich die kostbaren Augenblicke der Gemeinschaft mit meiner achtjährigen Enkelin am besten nutzen könnte. Das Gute war, dass sie Jesus Christus bereits kannte und liebte. Ich hoffte, irgendwie dazu beitragen zu können, dass sie seine Liebe nun ganz praktisch erfuhr.

Einige Tage später wachte ich plötzlich mitten in der Nacht auf. Der Wind rüttelte an meinem Fenster, und auf der Dachschräge

– nur 60 Zentimeter über meinem Kopf – hörte ich das Prasseln des Regens. Ich war den Elementen draußen so nahe und fühlte mich doch völlig geborgen. Zufrieden kuschelte ich mich tiefer in meine Decke. Dann fiel mir Christl ein, über deren junges Leben bereits so mancher Sturm hinwegfegte. Irgendwie musste ich ihr doch klarmachen können, dass Jesus ihr „Schutz und Schirm" war! Wieder bat ich Gott um Weisheit, das Richtige zu tun, wenn ich mit Christl zusammen war.

Plötzlich kam mir ein Gedanke: Federn! Federn sind ein Sinnbild für Bedeckung und Schutz.

Ich dachte über die Liebe Gottes nach. Schenkt sie uns nicht genau das Gleiche? „Wie köstlich ist deine beständige Liebe, Gott, und Menschenkinder bergen sich in deiner Flügel Schatten" (Psalm 36,8). Jetzt wusste ich, wie ich Christl helfen konnte! Wir würden gemeinsam Gottes „Federn" sammeln – jede Feder eine Verheißung, jede Verheißung ein Teil des schützenden Flügels Gottes.

Am Freitagmorgen traf die Familie ein. Den größten Teil des Nachmittags verbrachten wir zusammen. Dann war es für Christl Zeit, ins Bett zu gehen. Hand in Hand stiegen wir die schmale Treppe hinauf. In einer gemütlichen Ecke unter dem Dach befand sich ihr Nachtlager. Ich schlug die Bettdecke zurück, und Christl schlüpfte hinein. Ihre Augen strahlten erwartungsvoll, als ich ihr ein eingewickeltes Päckchen überreichte. „Oh, wie hübsch, Omi!", kam es entzückt über ihre Lippen, während sie einen Strauß bunter Federn aus der Schachtel nahm. „Die blaue da gefällt mir besonders!"

Ich griff nach einer Rotkehlchenfeder und kitzelte Christl am Arm. Lachend zog sie ihn zurück. „Liebling, diese Federn sollen dir zeigen, dass du keine Angst zu haben brauchst. Deine Mama hat mir erzählt, dass du dir in letzter Zeit viele Sorgen machst. Ich habe Jesus gefragt, wie ich dir helfen könnte, deine Angst zu überwinden. Da hat er mir die Idee mit den Federn gegeben."

„Wie können denn Federn mir helfen, Omi?" „Hast du schon einmal gesehen, wie eine Vogelmutter ihre Kleinen unter die Flügel nimmt?", fragte ich. Christl schüttelte den Kopf. „Einige Federn sind biegsam, aber stark – so wie die Möwenfedern, die du gerade in der Hand hältst. Sie heißen Konturfedern. Mit diesen Federn fliegen die Vögel. Die weichen, flaumigen Federn sind dazu da, dass sie sich warm und kuschelig fühlen. Man nennt sie Daunen." Ich legte eine davon auf meine Fingerspitze und ließ sie von Christl wegblasen. „Solange sich die kleinen Vogelkinder unter dem Flügel ihrer Mutter befinden, sind sie sicher und geborgen."

Nach einer kleinen Pause fuhr ich fort: „Gott beschützt die Menschen ebenfalls durch Federn. Schau doch mal in deiner Bibel nach! Wenn du Psalm 91, Vers 4 und 5 aufschlägst, wirst du sehen, wie Gottes Federn dich beschützen."

Christl nahm ihre Bibel vom Nachttisch und blätterte darin, bis sie die beiden Verse fand. Laut las sie vor: „Er wird dich mit seinen Flügeln decken! Sie geben dir Zuflucht. Seine treuen Verheißungen sind deine Schutzwehr. Darum wirst du dich nicht mehr vor der Dunkelheit fürchten!" Mit zufriedenem Gesicht lehnte sie sich ins Kissen zurück.

„Die Federn, die Gott uns gibt, sind seine Verheißungen", erklärte ich ihr. „Was wir über Gott und seine Absichten mit uns lernen, hilft uns, ein glücklicheres Leben zu führen und viel weniger Sorgen zu haben. Feder ist aber nicht gleich Feder. Wir müssen aufpassen, wo wir unsere Federn hernehmen. Wenn es die falschen sind, funktioniert die Sache nicht!" Christl sah mich fragend an.

„Für Kopfkissen nimmt man gewöhnlich Gänsefedern, weil sie Halt geben und stabil sind. Dazu kommen weiche Daunen, auf denen man gut liegt. Aber man verwendet keine Truthahnfedern – die sind viel zu steif und unbiegsam. Truthahnfedern wären nach kurzer Zeit klumpig und verfilzt, sodass der Kopf keinen Halt mehr hätte!"

Neugierig bohrte Christl ihren Finger in das Kopfkissen. „Was denkst du, was für Federn da drin sind?", fragte ich sie. Sie drehte den

Stoff zwischen ihren Fingern hin und her. „Ich denke, da sind Daunen drin und auch die anderen, von denen du gesprochen hast!"

„Mancher Rat, den wir von Menschen bekommen, ist wie eine Truthahnfeder", fuhr ich fort. „Vielleicht funktioniert er für kurze Zeit. Aber dann taucht plötzlich ein größeres Problem auf, und er versagt. Um die richtige Art von Federn zu finden, müssen wir die Bibel lesen. Denn dort hat Gott seine Federn hingelegt, alle seine verschiedenen Federn. Sie funktionieren, weil Gottes Kraft in ihnen ist. Unsere Aufgabe ist es, Gott zu vertrauen und zu tun, was er sagt. Er gibt uns ein Versprechen, wir glauben daran, und er lässt es geschehen. So einfach ist das!"

Tief in Gedanken versunken strich Christl über eine Spatzenfeder.

„Ich benutze Gottes Federn, wenn ich wissen möchte, was ich tun oder sagen soll. Manche helfen mir auch, mich besser zu fühlen, wenn ich traurig bin oder ein schlechtes Gewissen habe. Möchtest du wissen, wie die Federn funktionieren?" „Klar! Was muss ich denn machen, Omi?"

„Nehmen wir an, du hast Angst vor der Dunkelheit. Gott will aber nicht, dass du dich fürchtest. Er möchte, dass du seine Liebe spürst und weißt, dass er immer bei dir ist. Schlag mal Psalm 34,5 auf. Da hast du eine Feder, die die Angst vor der Dunkelheit wegblasen kann."

„Ich rief zu dem Herrn, und er antwortete mir; und aus allen meinen Ängsten rettete er mich", las Christl vor. Sie sah mich an und lächelte.

„Weißt du, du kannst nicht an zwei Dinge gleichzeitig denken", erklärte ich ihr. „Wenn du so denkst wie Gott, müssen die ängstlichen Gedanken verschwinden. Lass uns mal annehmen, du wärst unter einem riesigen Flügel versteckt. Dieser Flügel ist Gottes Liebe, die dich bedeckt und schützt. Deswegen kann dir nichts und niemand Schaden zufügen. Wenn die furchtsamen Gedanken wiederkommen wollen, dann denkst du einfach an diese Feder aus der Bibel. Unter dem schützenden Flügel Gottes ist gar kein Platz mehr für ängstliche Gedanken.

Und jetzt, mein Fräulein, werde ich dich schön warm zudecken. An welche Feder möchtest du jetzt am liebsten denken, während du einschläfst?"

„An die, wo man sich nicht mehr vor der Dunkelheit zu fürchten braucht!" „Wollen wir den Vers einmal zusammen aufsagen?" Zu meiner Überraschung sagte Christl die Bibelstelle auf, ohne zu stocken. Ich nahm sie in die Arme und gab ihr einen Kuss. Als ich anschließend das Zimmer verließ, bat Christl mich, die Tür einen Spaltbreit offen zu lassen. Die Macht der Gewohnheit!

Später rief sie, sie könne nicht einschlafen – sie fürchte sich vor dem Nebelhorn. Ich ging nach oben und erklärte ihr, wie wichtig dieses Horn für die Schiffe ist, damit sie die Einfahrt zum Hafen nicht verfehlen. „Für die Schiffsbesatzung ist es sehr beruhigend, das Nebelhorn zu hören", sagte ich. „Aber für mich nicht", beharrte Christl. Ich nahm ihre Hand. „Hör mal zu, Mäuschen: Du musst dich entscheiden. Entweder denkst du ständig an das Nebelhorn und ärgerst dich darüber, oder du nimmst eine Feder aus der Bibel und verscheuchst damit die unangenehmen Gedanken. Ich habe dir ja schon gesagt, dass du nicht an zwei Dinge zur gleichen Zeit denken kannst. An deiner Stelle würde ich lieber an Jesus und seine Liebe denken."

Sie machte noch ein bisschen Theater, aber viel früher als sonst kehrte Ruhe ein. Auch an den folgenden Tagen brachte ich Christl jeden Abend ins Bett. Am vierten Abend rief sie wunderbarerweise überhaupt nicht mehr, nachdem ich sie zugedeckt, das Licht ausgeknipst und das Zimmer verlassen hatte. Als die Familie nach einer Woche wieder abreiste, sagte Christl zu mir: „Omi, wenn ich groß bin und selber ein kleines Mädchen habe, werde ich ihm auch von Gottes Federn erzählen!"

Aber Christl wartete mit dem Erzählen nicht, bis sie selber ein kleines Mädchen hat. Meine Tochter hat mir inzwischen geschrieben, dass Christl ihre Federn mit in die Schule nehmen will. Vielleicht kennt sie ja ein anderes Kind, das ebenfalls die schützende, tröstende Liebe Gottes braucht.

Die Entenleber

Elisabeth Mittelstädt

Warum erhört Gott meine Gebete nicht? Diese Frage ist mir schon oft gestellt worden. Und ich kann mich genau daran erinnern, wie in mir die gleiche Frage gebohrt hat, als ich vor siebzehn Jahren selbst in einer verzweifelten Notsituation war.

Natürlich wusste ich, dass Gott Gebet erhört. Viele Male hatte ich das persönlich erlebt. Aber dieses Gebet, eines der wichtigsten und dringendsten in meinem Leben, blieb unbeantwortet – Tag für Tag, Monat um Monat. Ein ganzes Jahr war schon vergangen, seit dem Tag, an dem ich durch eine medizinische Fehlbehandlung verletzt worden war. Seitdem litt ich unter ständigen Schmerzen. Immer wieder hatte ich gebetet, zu Gott geschrien und jedes noch so kleine Unrecht bekannt, das mir bewusst wurde. Trotzdem war ich nicht geheilt worden.

Schließlich kam mir der Gedanke, dass ich eines noch nicht versucht hatte – Fasten. Weil ich körperlich sehr schwach war, konnte ich zwar nicht völlig auf Nahrung verzichten, aber ich beschloss, es so zu machen wie der Prophet Daniel im Alten Testament: Er hatte alle schmackhaften Speisen gemieden (Daniel 1,8). „Jetzt wird Gott mich ganz bestimmt erhören", dachte ich.

Nachdem ich drei Wochen gefastet hatte, trug ich Gott nochmal meine Bitte um Heilung vor. „Heute ist der letzte Tag – also deine letzte Gelegenheit", gab ich ihm zu bedenken. Doch die Heilung blieb aus.

Als ich am nächsten Morgen aufwachte, merkte ich jedoch, dass irgend etwas anders war. Nein, geheilt war ich nicht. Aber in meinem Herzen hatte sich etwas verändert. Ich spürte ein ganz neues Verlangen nach Gott. Diese neue, innige Beziehung zu Gott war für mich so kostbar, dass ich sie um keinen Preis verlieren wollte und nicht bereit war, sie gegen irgend etwas auf der Welt einzutauschen.

An diesem Tag erlaubte ich mir zum ersten Mal seit drei Wochen, wieder Fleisch zu essen. Was könnte ich zum Mittagessen kochen? „Entenleber", kam mir spontan in den Sinn. Ich bin auf einem Bauernhof aufgewachsen, und Entenleber war für mich als Kind im Winter immer ein ganz besonderer Leckerbissen gewesen. Aber wo sollte ich hier in einem kleinen hessischen Dorf eine Entenleber auftreiben? Also verwarf ich den Gedanken wieder.

Kurze Zeit später klingelte es. Ein Bekannter, der gerade von einer Reise zurückgekommen war, brachte ein Päckchen, das ihm jemand für uns mitgegeben hatte. Als ich den braunen Karton öffnete, fand ich darin eine wunderschöne, große Ente, fertig ausgenommen. Und obendrauf als Krönung – eine riesige Entenleber!

Ich warf nur einen kurzen Blick darauf. Dann rannte ich, in Tränen aufgelöst, ins Schlafzimmer. „Lieber Gott, die Leber war doch nicht mein Gebetsanliegen – das war doch nur ein unbedeutender Wunsch", klagte ich. „Du weißt genau, worum ich gebetet habe. Die Leber war wirklich nicht so wichtig. Was ich brauche ist Heilung, keine Entenleber!"

Und da, inmitten von strömenden Tränen und stürmischen Bitten, vernahm ich auf einmal die leise, ermutigende Stimme Gottes, die zu meinem Herzen sprach: „Elisabeth, ich habe dir die Entenleber geschickt, um dich wissen zu lassen, dass ich dein Gebet gehört habe."

Viele Jahre sind seit diesem Tag vergangen. Trotz Besserung meiner Beschwerden warte ich noch immer auf Heilung. Aber ich verlange und benötige keine Erklärung mehr von Gott. Was ich brauche, ist lediglich seine Zusage, dass er mich hört. Jemand hat einmal gesagt: „Glaube gehört zu den Kräften, durch die der Mensch lebt; wenn er fehlt, bricht alles zusammen." Der Glaube an Gott und die Gnade, die er schenkt, kann uns helfen durchzuhalten, bis die Antwort kommt.

Unser himmlischer Vater weiß, wie er seine Herrlichkeit am besten in unserem Leben offenbaren kann. Oft sind seine Absichten vor unseren menschlichen Augen verborgen. Unsere Aufgabe ist

es, zu beten und ihm zu vertrauen. Gottes Sache ist es, s..
Plan in unserem Leben zu verwirklichen.

Eine Schlange sonnte sich neben mir!

HELEN LESCHEID

Es war August, als ich meine Freunde in ihrem Ferienhäuschen besuchte, das an einer wunderschönen Bucht lag. Sie hatten mich eingeladen, weil ich dringend Erholung von dem Druck familiärer Nöte brauchte, dem ich ausgesetzt war. Doch leider ließen sich meine sorgenvollen Gedanken nicht so leicht verscheuchen.

Nicht einmal an diesem idyllischen Plätzchen inmitten von windzerzausten Bäumen und kristallklarem Wasser konnte ich meine innere Unruhe loswerden. Mein Mann befand sich zu diesem Zeitpunkt gerade in einer psychiatrischen Klinik; und die Kinder und ich suchten verzweifelt nach einer Erklärung für diesen Einbruch in unser Leben. Der Schmerz und die Unsicherheit, die wir empfanden, waren so groß, dass sie drohten, unsere Familie auseinander zu reißen. Vor lauter Sorge und Angst konnte ich nachts nicht mehr schlafen.

Eines Morgens wachte ich sehr früh auf. Im Häuschen war noch alles still. Leise, um niemanden zu stören, schlich ich mich nach draußen und schlug den Weg in den Wald ein. In einer mit Kiefern und Birken bestandenen Lichtung ließ ich mich auf einem großen Stein nieder. Morgendliche Kühle stieg von ihm auf und ich musste innerlich schaudern. Ich knöpfte meine Strickjacke zu und schlang die Arme um meinen Körper. „O Gott, bitte tröste mich!", flüsterte ich.

d sah ich zu, wie die Sonne aufging und mit ihren
...en die Bucht streichelte. Der dichte weiße Nebel, der
...bedeckte, wurde durchscheinend hell. In den Bäumen
...gen die Vögel an zu trillern. Nach und nach zog eine
...n mein Herz ein.

Die ...ne stieg immer höher und wärmte mir Gesicht und Rücken. Auch der Stein, auf dem ich saß, wurde langsam warm. Mücken und andere Insekten tanzten im Sonnenlicht. Grillen zirpten. Hin und wieder plätscherte etwas im Wasser – vielleicht ein Fisch in der Nähe des Ufers?

Lange Zeit saß ich reglos da und nahm in vollen Zügen den Frieden des Morgens in mich auf. Schließlich erhob ich mich zögernd, um zu gehen. Bestimmt waren meine Freunde in der Zwischenzeit aufgestanden und erwarteten mich zum Frühstück. Als ich noch einen kurzen Blick auf den Stein warf, auf dem ich eben gesessen hatte, stockte mir der Atem. In unmittelbarer Nähe meines Sitzplatzes lag eine Schlange und sonnte sich, den schlanken grünen Körper eng zusammengerollt, den Kopf der Sonne entgegengestreckt.

Meine plötzliche Bewegung schreckte das Tier auf. Es glitt von dem Stein hinunter und verschwand im dichten Unterholz.

Normalerweise fürchte ich mich vor Schlangen. Und ganz bestimmt hätte ich meinen Stein nicht freiwillig mit einer geteilt! Trotzdem spürte ich plötzlich eine merkwürdige Freude, fast so etwas wie eine innere Verwandtschaft mit dieser verschüchterten kleinen Kreatur. Warum?

Keiner von uns beiden hatte sich vor dem anderen gefürchtet, und wir hatten ohne Angst die Freuden des Morgens miteinander teilen können. Durch diese plötzliche Erkenntnis zog blitzartig eine ganz neue Hoffnung in mein sorgenbeladenes Herz ein: War die Furcht nicht mein allergrößter Feind? Und doch hatte Jesus oft gesagt: „Fürchte dich nicht!" Ich hatte es wiederholt in Predigten gehört: „Für jeden neuen Tag steht in der Bibel ein ‚Fürchte dich nicht'." Unwillkürlich musste ich an den Bibelvers denken:

„Fürchte dich nicht, ich stehe dir bei! Hab keine Angst, ich bin dein Gott! Ich mache dich stark, ich helfe dir, ich schütze dich mit meiner siegreichen Hand" (Jesaja 41,10).

Mit neuer Zuversicht im Herzen ging ich zum Haus zurück. Jetzt wusste ich: Solange ich mich an die „Fürchte dich nicht"-Verheißungen Gottes hielt, konnte mir nichts geschehen.

Der Tag der Osterglocke

NANCY HODGE

Es war im Frühling 2000. Die Geburt meines ersten Enkelkindes stand kurz bevor. Doch in meine Freude über das große Ereignis mischte sich ein Gefühl tiefer Trauer. Genau vier Jahre war es her, dass mein Mann seinen tapferen Kampf gegen Leukämie verloren hatte. Da er ein überzeugter Familienvater gewesen war, konnte ich mir lebhaft vorstellen, wie sehr er sich darüber gefreut hätte, ein Enkelkind zu bekommen.

Während die Tage vergingen und die Geburt näher rückte, wurde ich immer niedergeschlagener. Oft war ich in Tränen aufgelöst, wenn ich daran dachte, dass dieses Baby seinen wunderbaren Großvater nie kennen lernen würde. In meiner großen Trauer rief ich wiederholt zu Gott und fragte ihn, warum das alles so sein musste.

Am Morgen des 10. April stand ich in der Küche und war mit dem Abwasch beschäftigt. Wieder empfand ich diese tiefe Traurigkeit, die mich schon die letzten Wochen begleitet hatte. Während Tränen über meine Wangen rollten, fiel mein Blick plötzlich durch das Küchenfenster in den Garten hinter dem Haus. Und dort, mitten im Garten, stand eine einzelne Osterglocke.

Osterglocken waren die einzigen Blumen, an denen mein Mann jemals wirklich Interesse gezeigt hatte. Ja, er hatte Osterglocken geliebt! Als er schwer krank im Krankenhaus lag und keine frischen Blumen ins Zimmer durften, hatte ich ein Frühlingsgesteck aus Seidenblumen für ihn angefertigt, in dem – zwischen anderen Blumen – auch mehrere große, prächtig aussehende Osterglocken waren. Mein Mann hatte sich sehr darüber gefreut.

Aber was war denn nun so erstaunlich an dieser einzelnen Osterglocke? Ich glaube, Gott hatte sie absichtlich dorthin gepflanzt, um mich daran zu erinnern, dass er sich wirklich um mich kümmert. Warum ich das glaube? Weil es im Jahr davor nicht eine einzige Osterglocke in unserem Garten gab! Mir fiel ein, dass ich das Fehlen der Osterglocken bemerkt und mir vorgenommen hatte, im Herbst ein paar Zwiebeln zu setzen. Ausgeführt hatte ich diesen Gedanken jedoch nicht.

Trotzdem stand da nun diese eine Osterglocke, ganz allein mitten im Garten, direkt in meiner Blickrichtung. Sie hatte mir ihre sonnengelbe Trompete zugewandt, als wolle sie mir gerade in dieser bittersüßen Zeit der Trauer und der Freude die Liebe und Fürsorge meines himmlischen Vaters verkünden.

Später erfuhr ich, dass mein Enkelsohn am 10. April zur Welt gekommen war – dem Tag der Osterglocke.

Gebete, die den Himmel öffnen

Gebet bewegt Gottes Herz und seinen starken Arm. Er hat seinen Kindern zugesagt, dass kein aufrichtiges Gebet vergessen ist. Wie das Räucherwerk aus den goldenen Schalen steigt es zum Himmel auf (Offenbarung 5,8). Ob wir um kleine Geschenke bitten oder dringend um Wunder flehen, immer hält Gott eine Antwort der Liebe bereit.

Ein »Wollknäuel« auf Reisen

SASKIA BARTHELMESS

Als ich das Kätzchen zum ersten Mal sah, krallten sich seine Pfoten direkt in mein Herz. Das Kleine war wunderschön gemustert und hatte gerade gelernt, seine ersten tapsigen Schritte zu machen. Wir nahmen es in einem Pappkarton mit in unser Häuschen, setzten ihm ein Schälchen Milch vor die Nase und beobachteten es wie stolze Eltern. Das Abenteuer Haustier hatte begonnen!

Als mein Mann kurze Zeit später wenig überzeugend verlauten ließ: „Aber es kommt nicht in unser Bett!", lächelte ich nur. Ein paar Stunden später, wir lagen schon im Bett, kam unser neues Haustier angeschlichen und platzierte sich direkt vor uns. Klägliches Miauen. Unruhig rutschte mein Mann hin und her. Miau! Und noch einmal. „Na gut, aber nur kurz", seufzte er und hob die „Handvoll Katze" auf unsere Matratze. Das war der Beginn einer Freundschaft, die auch vor Nächten in einem Bett nicht halt machte!

Ja, wir waren begeistert von unserem „Wollknäuel". Wir hegten und pflegten es, päppelten es mit allerlei Köstlichkeiten auf und ließen all unsere Freunde wissen, dass wir Nachwuchs hatten.

Es gab nur ein Problem. Zu diesem Zeitpunkt befanden wir uns in Ghana/Westafrika und sollten nach einigen Monaten wieder zurück nach Deutschland fliegen. Doch unser Kätzchen wollten wir auf keinen Fall zurücklassen. Ganz deutlich hatten uns unsere einheimischen Nachbarn wissen lassen, dass wohlgenährte Katzen eine Delikatesse in ihrem Land waren ...

Nun musste also eine Katzen–Rettungsaktion gestartet werden. Unsere letzten Tage in Ghana verbrachten wir damit, „Cedi" – den wir nach der Landeswährung genannt hatten – impfen zu lassen, ihm einen Korb zu kaufen und uns mit Beruhigungstabletten für Katzen einzudecken. „Eine halbe Tablette lässt ihn 24

Stunden schlafen", versicherte uns der Apotheker. Dann konnte es ja losgehen.

Nachdem wir Cedi am Abflugtag die erste halbe Tablette „hineingewürgt" hatten, warteten wir gespannt auf die Wirkung. Doch er war wilder als zuvor. Leider hatten wir nicht bedacht, dass die Stäbe an seinem Korb aus einem biegsamem Material bestanden. Ein kräftiger Pfotenhieb, und er war draußen. Mit einem mulmigen Gefühl im Bauch und einem Stoßgebet auf den Lippen begaben wir uns auf den Weg ins Flugzeug.

Doch da wartete schon das nächste Problem auf uns – in Form eines finster dreinblickenden Stewards. „Haben Sie ein Ticket für die Katze?", schnaubte er. Wir schüttelten erschrocken den Kopf. „Das kostet 90 Dollar. Ich werde gleich zu Ihnen kommen und das Geld kassieren." Langsam schlichen wir auf unsere Plätze. Daran hatten wir überhaupt nicht gedacht. Unser ganzer Besitz bestand aus 180 Mark, doch der Steward wollte nur Dollar. Sonst müssten wir aussteigen, teilte er uns mit. Da unser Visum nur noch bis Freitag gültig war und der nächste Flug erst am Samstag starten sollte, wurde uns schlagartig der Ernst der Lage klar.

Nachdem unser Kätzchen nach eineinhalb Tabletten nun endlich friedlich eingeschlafen war, befanden wir uns wegen ihm in einer aussichtslosen Situation. „Jetzt hilft nur noch beten", flüsterte ich meinem Mann zu. Hilfesuchend stammelten wir ein Gebet, doch eigentlich wussten wir gar nicht genau, worum wir Gott bitten sollten. An ein Wunder glauben konnten wir nicht.

Plötzlich tippte mir ein Mann auf die Schulter und streckte mir einen Geldschein hin – 100 Dollar! „Ich habe mitbekommen, dass Sie in Schwierigkeiten stecken. Kann ich Ihnen damit helfen?" Wir müssen ihn angestarrt haben wie ein Wesen von einem anderen Stern. Mein Mann brachte nur noch „Sie hat der Himmel geschickt" hervor, während er ihm unser letztes Geld zum Tausch anbot.

Den ganzen Flug über konnten wir uns über nichts anderes als über dieses Wunder unterhalten. „Gott muss Cedi sehr lieb haben", stellte ich fest, während ich erleichtert den Katzenkorb an mich drückte. Wie glücklich waren wir, dass es niemand geschafft hatte, unsere „kleine Familie" auseinander zu reißen.

Ist es nicht erstaunlich, dass so ein großer Gott sich um so ein kleines Kätzchen kümmert? Er hat es nicht nur die ganze Zeit auf dem turbulenten Flug beschützt, sondern hatte auch schon längst ein neues Heim für es ausgesucht. Denn das zweite – nicht etwa kleinere Wunder – bestand darin, dass meine Schwiegermutter, die nie eine Katze im Haus haben wollte, Cedi sofort ins Herz schloss und bei sich aufnahm. Ich glaube, sie hat den Bett-Test auch nicht bestanden!

Noch oft denken mein Mann und ich heute zurück an diesen Tag und staunen darüber, wie Gott in unser Leben eingreift. Wir sind ganz sicher – ohne seine Rettungsaktion wäre Cedi wohl nicht mehr am Leben. Und wir hätten keine Geschichte zu erzählen über seine große Liebe zu uns „Katzeneltern"!

Freude im Himmel

HELGA BECKER

Vor einiger Zeit traf ich eine gute Freundin wieder. Da wir uns länger nicht gesehen hatten, gab es natürlich viel zu erzählen. Was machten die Kinder? Wie ging es in der Gemeinde voran? Wie entwickelte sich die Arbeit in der Frauengruppe, die meine Freundin gerade gegründet hatte? Bald waren wir in ein angeregtes Gespräch vertieft. Ich erzählte ihr, dass meine Schwiegermutter – nach einer Zeit der Pflege – im letzten Jahr gestorben war. Und meine Freundin berichtete, dass auch ihre Schwiegermutter nach längerer Krankheit heimgegangen war. Die Zeit der Pflege und des Abschiednehmens war nicht immer leicht gewesen, und so tauschten wir beide unsere Erfahrungen aus.

Meine Freundin wohnte mit ihrem Mann und den Kindern im Haus der Schwiegereltern. Nach dem Tod der Schwiegermutter hatte die Familie ihren Haushalt mit dem des Schwiegervaters zusammengelegt. Die Mahlzeiten nahmen alle zusammen in der großen Küche ein. Es war nicht leicht, den Verlust der Schwiegermutter zu verkraften, und oft erinnerte sich die Familie an sie.

An einem Wochenende saßen alle gemeinsam beim Mittagessen. Während meine Freundin die Schüsseln auftrug, kam das Gespräch wieder auf die Verstorbene. Als das Essen auf dem Tisch stand, wollte der Mann meiner Freundin gerade das Tischgebet sprechen. Da sagte der Großvater: „Ich wünschte mir, ich würde auch so sterben können wie unsere Mutter. Sie ist jetzt bei ihrem Herrn. Was muss ich denn tun, damit ich auch in den Himmel komme?" Am Tisch war es mucksmäuschenstill. Dann sagte sein Sohn: „Vater, du brauchst einfach nur zu sagen: ‚Herr, sei mir Sünder gnädig.' Das genügt." Der Großvater dachte einen Augenblick nach und sagte: „Dann will ich das jetzt sofort tun." Er faltete die Hände und betete: „Herr, sei mir Sünder gnädig."

Allen standen die Tränen in den Augen, und sie freuten sich an dem Wunder, dass er diesen Schritt gewagt und in seinem hohen Alter noch den Weg zu Jesus Christus gefunden hatte.

Das sind Erfahrungen, die man nie vergisst! Ich kann mir vorstellen, dass im Himmel große Freude über diesen Sünder herrschte, der den Weg zum Vater fand.

Wenn auch Sie in eine persönliche Beziehung zu Gott kommen wollen, können Sie das folgende Gebet sprechen:

„Herr Jesus Christus, ich brauche dich und will mit dir leben. Danke, dass du am Kreuz für meine Sünden gestorben bist. Ich übergebe dir mein Leben und nehme dich als meinen Herrn und Erlöser an. Übernimm die Herrschaft in meinem Leben. Gestalte mich so, wie du mich haben willst. Amen."

Ein Stein kommt ins Rollen

SABINE BOCKEL

Ein norddeutsches Städtchen zwischen Heide und Moor. Während ich die Hauptstraße entlang schlendere, werfe ich alle paar Minuten einen Blick auf die Uhr. Die Zeiger schleichen über das Zifferblatt, dafür klopft mein Herz umso erwartungsvoller. Immer noch zu früh für das Gespräch!

Wie sie wohl ist, die Diakonisse, die mit mir diesen Termin vereinbart hat? In meinem ganzen Leben habe ich noch nie einer „richtigen" Schwester die Hand geschüttelt. Bis vor zwei Tagen hatte ich auch keinen blassen Schimmer davon, dass es diesen Ort und das Diakoniewerk, das dort beheimatet ist, überhaupt gibt. Und dann der Name des Flüsschens, das sich durch die Stadt schlängelt! „Wümme". Klingt urig, finde ich. Ein bisschen nach Schweinebraten, Acker und Kartoffeln.

Wie hätte ich an diesem Spätsommernachmittag auch wissen sollen, dass ich hier, gerade hier, keineswegs in ländlicher Abgeschiedenheit gelandet war? Wie hätte ich ahnen können, dass hier ein Stein ins Rollen kommen würde, der mein ganzes Leben in Bewegung setzen sollte!

Angefangen hatte alles mit einer plötzlichen Idee: Warum vor dem Studium nicht ein „Freiwilliges soziales Jahr" einschieben? Warum nach dreizehn Schuljahren nicht einmal für andere da sein? Mit Eifer gehe ich ans Werk, doch die ersten beiden Anfragen führen nicht zum gewünschten Ergebnis: Alle Plätze belegt, viel zu spät dran! Auch der dritte Anlauf beginnt nicht gerade vielversprechend. Doch die Mitarbeiterin in einer christlichen Organisation sieht noch ein Hoffnungsfünkchen: „Kommen Sie morgen wieder! Dann führt unsere Leiterin Gespräche mit Bewerberinnen. Wer weiß, vielleicht wird ja ein Platz frei!"

Mit anderen jungen Frauen bin ich am nächsten Morgen pünktlich zur Stelle. Nur die Leiterin lässt auf sich warten, eine halbe Stunde, eine dreiviertel Stunde. Mit einem breiten Lächeln im Gesicht steht sie schließlich in der Tür und nimmt uns mit in ihr Büro. Aber auch jetzt kann das Gespräch nicht zügig vorangehen, ständig klingelt das Telefon. Ein bisschen komisch finde ich das schon – warum lässt sie sich eigentlich immer wieder unterbrechen?

Doch am Ende hält sie für mich eine Überraschung bereit: Unter den Anrufern war eine Diakonisse, die für ein Werk Verantwortung trägt, das vielen geistig Behinderten ein Zuhause gibt. Sie könnten noch eine Helferin gebrauchen, hatte sie gerade eben mitgeteilt. Bei behinderten oder alten Menschen eingesetzt zu werden – genau das war mein Wunsch, säuberlich auf den Bewerbungsunterlagen vermerkt! Für mich steht augenblicklich fest: Da gehe ich hin. Es kann doch kein Zufall sein, dass gerade jetzt, während ich hier sitze, diese unverhoffte Anfrage kommt! Mit einem Blick auf die Landkarte rät mir die Leiterin: „Fahren Sie erst mal hin, und gucken Sie sich alles an!" Ich tue, was sie sagt, doch von Anfang an begleitet mich die Überzeugung: Eigentlich ist das überflüssig, die Entscheidung ist längst gefallen!

Nun stehe ich also mitten in der kleinen Stadt, und ein mir vorher unbekannter Ort bekommt plötzlich ein Gesicht. Endlich ist auch die Uhr so weit vorgerückt, dass ich bei der Diakonisse klingeln kann, die mich durch das Werk führen will. Am Ende des Nachmittags verabschiedet sie mich mit den Worten: „Von uns aus können Sie kommen!"

Es blieb nicht bei jenem ersten kleinen Wunder, dass ich zur richtigen Zeit im richtigen Büro saß. Gott hatte sich entschlossen, in jenem Städtchen meine geheimsten Wünsche zu erfüllen, ob sie nun im Gebet ausgesprochen waren oder stumm in meinem Innern lagen. Hier antwortete er auf meine Sehnsucht, mit ihm vertrauter zu werden, und schickte mir Menschen über den Weg, die mir Jesus Christus nahe brachten. An diesem Ort schenkte er mir Freunde, bei denen mein Herz aufblühte, und stellte die Weichen für meinen Berufsweg. Ja, er brachte einen Stein ins Rollen

– innerhalb eines Dreivierteljahres öffnete er mir neue Welten, krempelte mein Leben um und lenkte es zielstrebig in seine Bahnen. Dazu hatte er sogar ein „störendes" Telefongespräch eingeplant und eine „unnötige" Warterei!

Aber hatte wirklich alles mit der Idee angefangen, ein „Freiwilliges soziales Jahr" einzuschieben? Nein, es hatte mit Gottes Liebe begonnen, mit seinem Blick in mein Herz. In seiner Großzügigkeit hat er nicht nur einen meiner Wünsche erfüllt, sondern meine Sehnsucht geradezu „übererfüllt". Er hatte dazu den Ort und die Menschen ausgesucht, die für mein Leben Bedeutung gewinnen sollten. Und dort, zwischen Heide und Moor, war ich nicht etwa am Ende der Welt gelandet, sondern im Zentrum seines Willens.

Wo es uns auch hinverschlagen mag, an keinem Ort der Welt sind wir für Gottes Augen in der Abgeschiedenheit. Immer, wenn wir danach schreien, dass sein Wille sich in unserem Leben erfüllt, bringt er einen Stein ins Rollen. Ob in einer kleinen, ländlichen Stadt, auf einer Hallig vor der Nordseeküste, in einem abgelegenen Bauernhaus im Voralpenland, einem Wohnblock in der Millionenstadt oder einem Häuschen auf dem Lande – überall stellt er uns in das Zentrum seiner Aufmerksamkeit und Liebe. Mir öffnete er an der Wümme die Welt.

Ein Paar neue Winterstiefel

GITTA LEUSCHNER

Seit vielen Jahren bin ich im vollzeitigen Dienst eines internationalen Missionswerkes tätig. Als Mitarbeiter leben wir hier „aus dem Glauben", das heißt, wir bitten und vertrauen Gott, dass er uns alles gibt, was wir brauchen. Obwohl ich eine klare Berufung in diese Arbeit hatte, musste ich – wie jeder andere auch – diese totale Abhängigkeit von Gott erst einmal lernen. Doch ich hatte starke Worte aus der Bibel von Gott geschenkt bekommen, auf die ich mich verlassen wollte: „Trachtet zuerst nach dem Reich Gottes und nach seiner Gerechtigkeit, so wird euch das alles zufallen" (Matthäus 6,33). „Alle eure Sorge werft auf ihn; denn er sorgt für euch" (1. Petrus 5,7) oder „Der Herr ist mein Hirte, mir wird nichts mangeln" (Psalm 23,1). So nahm ich Gott beim Wort und erlebte kleine Wunder.

Einmal, ich glaube, es war zu Beginn des zweiten Winters, stellte ich fest, dass meine Stiefel völlig abgetragen waren. „Vater, ich brauche ein Paar neue Stiefel", betete ich vertrauensvoll. Etwa drei Tage später rief mich eine Freundin an und sagte: „Bitte lach mich nicht aus. Ich sitze hier in meinem Büro und höre plötzlich in meinem Herzen: ‚Geh und kauf Gitta ein Paar Stiefel!' Brauchst du vielleicht ein Paar Stiefel?" Als ich ihr sagte, dass ich genau dafür gebetet hatte, war sie total aus dem Häuschen. „Heißt das, dass ich Gottes Stimme hören kann?" Ja, das hieß es!

Ich weiß nicht, wer von uns beiden sich mehr freute: Ich über die schnelle, konkrete Erhörung meiner Bitte oder meine Freundin, die noch am Anfang ihres Glaubenslebens stand und erlebte, wie Gott zu ihr redete. Auf alle Fälle bekam ich ein Paar wunderschöne neue Stiefel!

Nun bin ich schon 28 Jahre im Missionsdienst tätig und auf allen Gebieten in die Abhängigkeit von Gott gestellt. Es ist ein aufregendes, abenteuerliches Leben, oft mit starken Herausforderungen, durch die mein Glaube ganz schön auf die Probe gestellt wird. Aber ich darf erleben, dass Gott ein liebender, versorgender Vater ist und Jesus mein zärtlicher Bräutigam, der mich oft auch durch andere Menschen mit „unnötigen" Dingen wie Blumen oder Parfüm beschenkt. Aber das schönste und kostbarste Geschenk ist seine Gegenwart in meinem Leben. Immanuel, Gott mit uns, das ist eigentlich das größte Wunder!

Vater weiß es am besten

ELISABETH MITTELSTÄDT

Ich bin in einer großen Familie mit Vater, Mutter, einer Oma und sechs Schwestern aufgewachsen. Nicht immer konnten alle Wünsche von uns Kindern erfüllt werden. Oft erklärte meine Mutter: „Seid dankbar, dass wir ein Dach über dem Kopf haben, dass es etwas zu essen und zum Anziehen gibt. Das Wichtigste ist, dass wir einander haben." Ich versuchte, ihre Worte zu verstehen. Und ich war auch wirklich dankbar für all diese Dinge. Trotzdem hatte ich den sehnlichen Wunsch nach ein paar Nylonstrümpfen mit dünnen Streifen. Sie waren gerade sehr modern, nicht so altmodisch wie meine dicken braunen Baumwollstrümpfe. Oh, wie sehr wünschte ich sie mir! Meiner Mutter von meinen Gedanken zu erzählen, wäre nicht fair gewesen, denn ich wusste, dass wir uns diesen Luxus nicht leisten konnten. Außerdem musste ich mich mit meinen neun Jahren hinten anstellen. Zuerst würde meine ältere Schwester an die Reihe kommen.

An einem Sonntag sprach der Pastor in der Gemeinde über Gebet. Er sagte: „Wenn wir unseren himmlischen Vater um etwas bitten, wird er uns hören." Erst vor kurzem hatten sich meine Eltern für Jesus Christus entschieden. Und vor einigen Sonntagen hatte auch ich Jesus gebeten, mir meine Sünden zu vergeben. „Ich kenne den Vater im Himmel noch nicht so gut", dachte ich. „Aber ich will sein Kind sein. Und wenn ich sein Kind bin, dann darf ich ihn auch fragen, ob er mir diese modernen Strümpfe schenkt." Angeblich war Gott so reich, dass alle Kühe auf den Bergen ihm gehörten. Das hatte ich zumindest irgendwo in der Bibel gelesen.

An einem der nächsten Tage kniete ich mich neben mein Bett und erzählte Gott, wie gerne ich die Strümpfe mit den Streifen hätte. Ich sagte ihm auch, dass ich ihm immer dafür dankbar sein würde. In diesem Moment überlegte ich mir nicht, wie Gott mir die Strümpfe vom Himmel schicken würde. Aber ich war mir sicher, dass er bestimmt eine gute Idee hätte! Er wusste schließlich am besten, wie sehr ich sie mir wünschte! Dann stand ich auf und ging hinaus, um unsere Gänse zu hüten, denn meine Mutter war in die Stadt gegangen.

Um die Mittagszeit kam meine Mutter mit ihrem Korb nach Hause und rief: „Elisabeth, ich habe dir etwas mitgebracht!" Als ich vor ihr stand, überreichte sie mir ein paar Nylonstrümpfe mit Streifen! Ich war sprachlos. Dann füllten sich meine Augen mit Tränen der Dankbarkeit.

Dieses kleine Wunder habe ich nie wieder vergessen. Es hat mir gezeigt, dass mein Vater im Himmel mein Gebet hört, weil ich seine Tochter bin. Und auch wenn Gott in all den Jahren nicht immer mit einem Ja geantwortet hat, vertraue ich ihm, denn: Vater weiß es am besten!

TEXTNACHWEIS

Folgende Texte wurden entnommen aus
„Lydia – die christliche Zeitschrift für die Frau":

Seite 14 aus: LYDIA 1/96
Seite 23 aus: LYDIA 1/96
Seite 30 aus: LYDIA 4/90
Seite 41 aus: LYDIA 1/90 (Original:
„ A Christmas Miracle" by Kathleen R.
Ruckman. © 1988. Used with permission
of Focus on the Family)
Seite 50 aus: LYDIA 1/96
Seite 54 aus: LYDIA 4/03
Seite 60 aus: LYDIA 1/98
Seite 70 aus: LYDIA 2/96
Seite 79 aus: LYDIA 2/97
Seite 109 aus: LYDIA 2/97
Seite 125 aus: LYDIA 3/01
Seite 135 aus: LYDIA 2/91
Seite 138 aus: LYDIA 4/90
Seite 143 aus: LYDIA 1/93
Seite 145 aus: LYDIA 3/96
Seite 150 aus: LYDIA 3/02